新时代法律法规机制研究书系

民事执行参与分配
异议之诉研究

刘文慧／著

西南财经大学出版社
Southwestern University of Finance & Economics Press
中国·成都

图书在版编目(CIP)数据

民事执行参与分配异议之诉研究/刘文慧著.
成都:西南财经大学出版社,2024.9. --ISBN 978-7-5504-6395-0
Ⅰ.D915.2
中国国家版本馆 CIP 数据核字第 2024L3Y096 号

民事执行参与分配异议之诉研究
MINSHI ZHIXING CANYU FENPEI YIYI ZHI SU YANJIU
刘文慧　著

策划编辑:王甜甜
责任编辑:王甜甜
责任校对:李建蓉
封面设计:墨创文化
责任印制:朱曼丽

出版发行	西南财经大学出版社(四川省成都市光华村街 55 号)
网　　址	http://cbs.swufe.edu.cn
电子邮件	bookcj@swufe.edu.cn
邮政编码	610074
电　　话	028-87353785
照　　排	四川胜翔数码印务设计有限公司
印　　刷	成都金龙印务有限责任公司
成品尺寸	170 mm×240 mm
印　　张	12.25
字　　数	146 千字
版　　次	2024 年 9 月第 1 版
印　　次	2024 年 9 月第 1 次印刷
书　　号	ISBN 978-7-5504-6395-0
定　　价	88.00 元

前　言

　　民事执行参与分配异议之诉（在我国司法实践中被称为分配方案异议之诉）是指在民事执行参与分配程序中，分配方案所载明的债权人或被执行人对分配方案记载的相关债权人的债权或分配金额表示异议，在异议对象提出反对意见后，以异议对象为被告提起诉讼，请求法院对分配方案中的异议部分重新进行判定的一项诉讼制度。参与分配异议之诉制度源于域外，在我国，其制度依据仅仅是最高法院的相关司法解释，《中华人民共和国民事诉讼法》对其未有明文记载。在司法实践中，参与分配、参与分配异议以及本书所研究的参与分配异议之诉，对保护执行程序中当事人的合法权益、完善我国的执行制度，都有着十分重要的意义。由于参与分配异议之诉是一项比较新的诉讼制度，相关的规范依据不够完善，学术界对其的研究也严重不足，这必然会导致学理认识和司法实践的混乱。深化对参与分配异议之诉的学理认识，完善相应的制度机制是当务之急。有鉴于此，本书将参与分配异议之诉作为研究论题，以期对我们统一认识、完善制度贡献绵薄之力。

本书共有7章。第1章绪论部分提出了本书的研究命题，并对已有的学术文献进行了梳理和总结，介绍了本书的研究方法和大致结构。

第2章为民事执行参与分配异议之诉的理论廓清。本章首先介绍了参与分配异议之诉的缘起，在解释相关概念的基础上，对我国参与分配异议之诉的制度发展情况进行梳理；其次，论证了参与分配异议之诉的正当性；再次，界定了参与分配异议之诉的诉讼性质；最后，论述了参与分配异议之诉应当坚持的价值追求。

第3章为民事执行参与分配异议之诉的构成要素。本章主要研究的是参与分配异议之诉的诉讼标的、案件当事人以及诉讼事由。

第4章为民事执行参与分配异议之诉的起诉与审查。首先，本章介绍了起诉的前提要件，包括起诉前提要件的制度规定，现有规定的缺陷及其现实危害，以及如何完善起诉前提要件；其次，本章从原告提起诉讼的目的出发，解析了法院在原告胜诉判决中应当如何表述原来分配方案存在问题以及如何致力于形成新的分配方案，在此基础上指出诉讼请求的具体表达；再次，本章分析了起诉审查的必要性，介绍了起诉审查的具体内容，以及起诉审查环节当事人的权利救济；最后，本章介绍了案件受理费的收取，针对案件受理费收取的实践乱象，强调案件受理费收取机制的制度效用，同时提出了确定案件受理费标准的路径。

第5章为民事执行参与分配异议之诉的诉讼程序。本章研究了参与分配异议之诉的诉讼程序中的几个重要问题。首先，笔者提出了参与分配异议之诉的诉讼程序简化具有制度上的正当性，要从多方面对诉讼程序进行简化改革；其次，关于共同诉讼，笔者提出了共同诉讼性质的理论争议，介绍了共同诉讼的识别和性质界定；再次，关于当事人攻击防御方法的规范，介绍了原告变更诉讼事由的处置方法、被告所持执行依据既判力之辐射范围的界定、参与分配异议之诉的举证责任的分配；最后，本章介绍了诉讼的竞合，主要有与债务人异议之诉的竞合，与第三人撤销之诉的竞合。

第6章为民事执行参与分配异议之诉的裁判及后续事项的处置，主要研究不同情形下的裁判形式及其后果、判决效力及原告胜诉利益的分配、参与分配程序终结后当事人提起不当得利返还诉讼的正当性。

第7章结语部分对本书的研究进行了大致回顾和总结。

本书有如下三个方面的创新之处：

第一，本书在推进参与分配异议之诉理论研究的系统性方面有较大贡献。目前，我国学术界和实务界对参与分配异议之诉的研究非常少，为数不多的研究也只是针对部分问题展开论述，系统性不强。本书对参与分配的基础理论、构成要素、起诉与审查、诉讼程序、裁判与后续事项处置等问题展开全面研究，几乎涉及参与分配异议之诉的所有重要问题，在系统性、全面性方面弥补了现有研究的缺陷，可以为我国学术界和实务界继续强化对参与分配异议之诉的研究提供参考和借鉴。

第二，本书坚持实务导向和问题导向，围绕参与分配异议之诉的司法运作展开论述，能够为下一步正确理解和适用参与分配异议之诉制度以及完善相关制度机制提供理论参考。本书持"理论研究应当服务于法律实务"的理念，聚焦理论研究和司法实务中的盲点、争点、难点问题，力争通过系统性的研究，统一认识、化解难题；

同时，在提出相关理论观点和立法建议时，充分考虑我国的社会背景、制度环境及司法环境，所提出的观点和建议在可操作性上具有较强的优势。

第三，本书所研究的部分内容具有一定的开创性。一方面，本书研究的参与分配异议之诉的起诉前提要件、立案审查制、诉讼请求、案件受理费收取、诉讼程序简化、共同诉讼形态的界定与处理、参与分配程序终结后不当得利诉讼的提起等问题，尚未引起学术界和实务界的重视，具有一定的开创性；另一方面，本书针对参与分配异议之诉诉讼性质、构成要素、原告胜诉利益的分配等研究问题，提出了诸多新的观点和建议，可以为我们统一认识、完善制度提供新的思路。

受笔者理论功底和实务经验所限，本书提出的一些观点或许还有值得商榷的空间，研究的范围可能还不够全面，研究的深度也可能还有进一步强化的余地。对于这些缺憾，还需要笔者以及学术界、实务界的专家进行进一步的研究。

刘文慧

2024 年 6 月

目　录

1 绪论

1.1 问题的提出

执行程序是权利人维护和兑现自身合法权益的最后一道法律程序，对权利人的权利保护具有十分重要的意义。执行程序立法的科学化程度以及执行工作的实际效果，将直接影响着权利人和社会公众对法院的评价，影响着司法的公信力。同时，执行工作的质量关涉着法律所规定的权利能否得到真正的兑现，执行的有效性不足，人们将转而寻找替代性纠纷解决方式。简言之，如果法律规定的权利无法通过国家正式的救济渠道得到实现或者实现的效率很低，那么，私力救济①等其他形式的权利救济渠道将更多地成为人们维权的首选，暴力维权、同态复仇等将可能一再上演。在这个意义上，执行程序的科学性和有效性，对有效维护社会秩序、经济秩序至关重要。

---

① 徐昕. 论私力救济 [M]. 北京：中国政法大学出版社，2005.

在我国，由于执行立法起步比较晚，尚处于不断完善的阶段。而受制于社会诚信网络建设相对滞后等因素，"执行难""执行乱"等现象仍然时有发生，"赢了官司却拿不到钱"的抱怨时常见诸报端。当然，执行难特别是民商事案件执行难在许多国家都是难题，而并非只是我国的现象，因为，纠纷进入法院本身就意味着这些是比较难办的案件①。近年来，在解决执行难题方面，我国已经做了大量卓有成效的工作，相关法律规范特别是司法解释、各类工作性规范文件大量出台，全国法院系统更是投入了大量人力、物力、财力，开展了"基本解决执行难"问题的"攻坚战"，得到了媒体和社会公众的普遍赞誉。但是，执行无疑是一项系统性、长期性的工程，要切实提高执行工作的效率，必须从多方面持续努力。

本书所研究的参与分配异议之诉，是民事执行中的一个重要制度。当被执行人的既有财产无法全部偿还多个债权人的债务时，法院将对发起分配及申请参与分配的所有债权人及其债权进行登记，按照债权比例对被执行人的财产进行分配。在此过程中，债权人或被执行人对法院制作的分配方案（主要是债权是否存在、分配的顺位及比例、金额等），可以提出异议，如果其他债权人或者被执行人对该异议提出反对意见，提出异议的债权人或被执行人可以以提出反对意见的其他债权人或者被执行人为被告，提起参与分配异议之诉。在我国，参与分配异议之诉是一项比较新的诉讼制度，相关的理论研究比较匮乏，且各方意见出现了很大分歧。在实践当中，该制度的运行也不是十分顺畅，实务界的理解各有差异，无论是诉讼

---

① 贺欣. 经济合同案件的执行：来自珠三角某基层法院的经验研究 [J]. 司法，2007（1）：81-118.

的程序运作还是裁判结果，统一性都存有不足。

在执行实务中，被执行人不能清偿所有债务的情况是相当普遍的，参与分配以及在此过程中产生的纠纷必将呈现出多发态势，加强对参与分配异议之诉的研究，尽快统一理论上和实务中的认识至关重要。一方面，深入研究参与分配异议之诉，具有重要的理论价值。参与分配异议之诉是执行程序中衍生出来的诉讼制度，既符合诉讼制度的一般原则、原理，又带有非常鲜明的执行程序特征。作为一项比较新的制度安排，学术界对于参与分配之诉的性质尚未达成合理的共识，对于相关的具体制度究竟应当如何认识、如何规范，更是各说各话、莫衷一是。本书希望通过深入的研究为相关学理认识的统一贡献绵薄之力。另一方面，深入研究参与分配异议之诉，具有重要的现实意义。由于我国缺乏统一的理论，加之相关制度安排不够成熟完善，参与分配异议之诉在实务中的操作比较混乱，各级各地法院认识不同、操作各异，不仅给社会公众造成极大困扰，而且可能直接对当事人维护切身权益带来负面影响。参与分配异议之诉的理论研究以及研究成果的推广，或许能够给实务界提供参考，帮助实务界统一认识、统一操作，以此促进法治的统一、有效维护当事人的合法权益。

1.2 文献综述

参与分配异议之诉在我国建立和发展的时间尚短，高质量的、专门的研究成果相对较少。德国、日本、中国台湾地区的制度发展相对比较成熟，有关理论的研究也相对较多，但由于制度体系的差异，我们对其制度成果和理论成果不能照搬照抄，需要根据自身实际情况，发展出一套有中国特色的、符合中国实践的制度和理论。然而既有的国内外研究成果，依然为本书的研究提供了很多参考，甚至奠定了诸多基础。

1.2.1 关于参与分配异议之诉诉讼性质的研究

参与分配异议之诉兼及诉讼程序与执行程序，既要处理诉讼当事人之间的纷争，又要充分考虑诉讼及执行的效率，防止重复起诉与矛盾裁判等问题。诉讼性质的厘定，对这些问题的处理具有基础性作用，故在参与分配异议之诉的研究中，研究者对其性质多有论及。从现有文献来看，关于参与分配异议之诉的性质，基本形成了四种看法：第一是形成之诉说。形成之诉说认为，在参与分配的程序中，法院所制作的分配方案是裁判权的一种表现，分配的实施以分配方案为准，如果债权人或被执行人请求不以分配方案作为分配的依据，则意味着要撤销或者变更原来的分配方案，这种诉讼在性质上应为形成之诉。按照形成之诉说，参与分配异议之诉的诉讼标的是异议权，由于异议权属于形成权，故该诉应为形成之诉①。然而，形成之诉说有个致命缺陷，即不能避免当事人就同一原因或基于同样的事实另行提起诉讼，这将导致裁判结果的不稳定，产生诉讼不经济乃至前后裁判相互矛盾的不良后果。为了避免这一缺陷，有学者引入日本学界的争点效理论，形成了"新形成之诉说"。争点效理论认为，只要法院对当事人争议的主要事实进行了认定，即便这种认定并未写入判决主文，而只是在裁判理由中进行了论述，这些经法院认定过的主要争点，就应当对后续相关判决产生约束力，即后续判决不得推翻前判决认定的主要争点。日本学者认为，争点效理论的约束力可以防止前后裁判的矛盾②。形成之诉说，基本成为德国、日本、中国台湾地区理论和实务界所采的通说。在国内，形成之诉说也得到了大多数研究者的认同③。第二是确认之诉说。确认之诉说认为，法院在参与分配中制作了分配方案，而原告提起异议以及诉讼就意味着其提出了新的方案，故原告之目的在于以诉讼的方式请求法院确认其异议是否正当以及其分配顺位、分配额应当为何。因此，法院所作出的判决为确认判决，原告无论在诉讼中是否胜诉，都能够通过判决而解决原、被告之间的纷争④。然而，从学理上讲，确认判决一般并不能产生排除强制执行之效果，故此为确认之诉说难以填补的缺憾。第三是命令之诉说。持命令之诉说的以日本学者竹下守夫为主要代表。命令之诉说认为，在原告胜诉的情况

---

① 王玲. 民事执行程序中分配方案异议之诉研究 [J]. 法学论坛, 2019 (4): 136-142.
② 王玲. 民事执行程序中分配方案异议之诉研究 [J]. 法学论坛, 2019 (4): 136-142.
③ 李世成. 论执行参与分配方案异议之诉的程序构造 [J]. 法律适用, 2011 (9): 15-18.
④ 陈荣宗. 强制执行法 [M]. 台北: 三民书局, 2000.

下，法院判决将命令执行机关更正或者重新制作分配方案①。命令之诉说明显不适用于我国，因为在我国，任何判决都是以法院名义作出的，而执行法院与受理参与分配异议之诉的法院为同一法院，"自己命令自己"显属荒唐。第四是救济之诉说。救济之诉说认为，参与分配异议之诉既要请求法院确认债权，又要请求变更或者重新制作分配方案，因此，该诉实际上兼具了确认之诉与形成之诉的功能和特点，是一种特殊的救济诉讼②。救济之诉说能够避免确认之诉说与形成之诉说的缺陷，可有效防止重复起诉以及由此可能导致的前后裁判矛盾问题的出现。

1.2.2 关于参与分配异议之诉诉讼当事人的研究

首先，关于原告，根据我国司法解释规定，本诉的原告是对分配方案提出异议的债权人或者被执行人，这与德国、日本、中国台湾地区的规定基本一致。有的学者指出，赋予被执行人提起分配方案异议以及异议之诉的权利，是值得商榷的，因为案件进入执行程序后，被执行人已经失去了对财产进行处分的权利，同时，被执行人完全可能为了破坏执行而提出异议并进而提起诉讼，这将影响执行程序的顺利推进③。但是，学术界和实务界普遍都认为，将被执行人列入可提起诉讼的原告范围，是比较恰当的。对于分配方案的异议以及异议之诉来说，其制度初衷主要在于解决各债权人之间的纷

① 詹咏媛. 分配表异议之诉：从民诉法与执行法兼具之观点 [D]. 台北：台湾大学，2018.
② 杨与龄. 强制执行法论 [M]. 北京：中国政法大学出版社，2002.
③ 贺荣. 司法体制改革与民商事法律适用问题研究 [M]. 北京：人民法院出版社，2015：37-39.

争，然而，如果进行分配后仍有余额，则应返还被执行人，因此，参与分配不仅会关系到各债权人的利益，实际上也会关涉到被执行人的利益①。此外，参与分配结束之后，如果债务尚未清了，被执行人仍然需要继续履行清偿义务，此时若并无债权的债权人参与了财产分配，必然会无端增加被执行人的债务负担，这显然是对被执行人正当权利的侵害②。其次，关于被告，是反对债权人异议的其他债权人或者被执行人，抑或是反对被执行人异议的债权人。当然，在执行实践中，反对债权人异议的基本都是其他债权人，被执行人由于异议不关涉自身利益而基本不会提出反对，因而几乎难以成为被告。因而在参与分配异议之诉中，被执行人大都是原告③。最后，关于未对异议提出反对意见的其他债权人或被执行人是否应当赋予其诉讼地位，有实务界人士认为，未提出反对意见的债权人或者被执行人与原告没有直接的对抗关系，不宜作为被告参加诉讼，但是诉讼的结果与其可能产生某些利害关系，同时又鉴于其对诉讼标的没有独立请求权，因而应当作为无独立请求权的第三人参加诉讼④。不过，也有人认为，不应赋予未对异议提出反对意见的其他债权人或被执行人以诉讼地位，不宜容许其参加本诉，当然，其可以对本诉当事人提供帮助（如提供证据）⑤。特别是未提出反对意见的被执行

---

① 杨柳. 比较与借鉴：中德执行分配方案异议之诉的制度框架分析 [J]. 法律适用，2011（8）：56-59.

② 刘贵祥，宋朝武. 强制执行的理论与制度创新："中国执行法论坛"优秀论文集 [M]. 北京：中国政法大学出版社，2017：57-61.

③ 陈荣宗. 强制执行法 [M]. 台北：三民书局，2000.

④ 楼常青，楼晋. 民诉执行程序中分配方案异议之诉的运作 [J]. 上海政法学院学报（法治论丛），2012（1）：123-130.

⑤ 廖浩. 执行分配方案异议诉讼之解释论研究：以法律方法为视角 [J]. 研究生法学，2013（1）：31-36.

人，法律已经在其他程序中赋予其各种诉讼权利，如果再在本诉中将其列为第三人，将浪费司法资源，并极大地影响执行工作的效率①。

1.2.3 关于参与分配异议之诉起诉条件的研究

根据我国相关司法解释的规定，原告在提起参与分配异议之诉之前，必须经过如下程序：执行法院将制作的分配方案送达所有债权人和被执行人；债权人或被执行人在收到分配方案之日起十五日内以书面形式向法院提出异议；法院将异议通知给其他债权人和被执行人；有债权人或被执行人反对异议；法院将反对意见通知异议者；异议者在收到法院通知后十五日内向执行法院起诉提出反对意见的债权人或者被执行人②。由此可见，本诉的主要起诉条件是：第一，债权人或被执行人在法定期限内以书面形式对分配方案提出异议。特别需要注意的是，债权人或者被执行人提起本诉，应当是以当事人之间对分配方案产生了实体性争议为前提条件③。换言之，实体性争议之外的程序性异议（如被执行人财产总额的寻找，纯粹的数字计算谬误），则应通过执行行为异议、复议等程序进行解决。第二，有债权人或被执行人对前述异议予以明确反对。只有有人明确表示反对异议，才有后续诉讼的可能。如果所有其他债权人、被执行人在收到异议的十五日内不对异议提出明确的反对意见，那么，

---

① 方怀宇，马浩杰. 执行分配方案异议之诉实务探讨 [J]. 湖北经济学院学报（人文社会科学版），2016（7）：85-86.
② 刘颖. 分配方案异议之诉研究 [J]. 当代法学，2019（1）：40-50.
③ 刘贵祥，宋朝武. 强制执行的理论与制度创新："中国执行法论坛"优秀论文集 [M]. 北京：中国政法大学出版社，2017：57-61.

法院就应当按照异议人提出的方案，直接对分配方案进行调整并按此进行最终的分配①。如果异议者提出异议后，法院并未将异议通知其他债权人、被执行人，异议者是否还可以提起本诉呢？对此，有司法实务专家撰文指出，参与分配异议之诉是对分配方案有异议的债权人或被执行人，对作为异议反对者的债权人或债务人提起的诉讼，即一方有异议权，另一方也相应地有反对权；若是法院未履行通知义务，导致有反对权的一方没有得到表示意见的机会，那提起异议的一方则无从提起本诉②。第三，异议者可在收到反对意见后的法定期日内起诉反对者。根据司法解释的条文含义及学理解释，如果异议者未在法定期日内起诉反对者并向法院提交相应的起诉证明文件，则应视为异议者撤回异议，法院可径行按照原来的分配方案对被执行人的财产进行分配；若异议者逾期起诉，即会产生撤回异议的效果，其起诉不合法③。

1.2.4 关于参与分配异议之诉审理范围的研究

关于本诉审理范围，我国司法解释规定，对于分配方案中无异议的部分，可先予分配；对于有异议的部分，可进行提存，待诉讼终结后根据裁判结果再进行分配。德国、日本的相关规定与此类似。德国《民事诉讼法》第八百七十六条规定，若异议无法解决的，仅就分配方案中不涉及异议的部分实施分配；日本《民事执行法》第八十九条规定，执行部门应仅就无异议部分实施分配。民事执行救

---

① 杨柳. 比较与借鉴：中德执行分配方案异议之诉的制度框架分析 [J]. 法律适用，2011 (8)：56-59.
② 林洲富. 提起分配表异议之诉之要件 [J]. 月旦法学教室，2019 (77)：37-41.
③ 王玲. 民事执行程序中分配方案异议之诉研究 [J]. 法学论坛，2019 (4)：136-142.

济制度除了要与民事诉讼制度一样需要追求公正之外，民事执行救济制度还需要更加强调和重视效率①。参与分配异议之诉是在执行程序中衍生出来的诉讼，必须要重视执行效率，因此，对于无异议的部分，各国基本都规定应先予执行，法院在本诉中只需要审理当事人有异议的部分。当然，只审理有异议部分，也是民事诉讼"不告不理"原则在本诉中的具体体现。关于本诉的审理范围，还有一个讨论较多的问题，即本诉是否可以对生效裁判文书确认的债权的真实性进行审查。一种观点认为，法院可以在本诉对生效裁判文书进行审查，因为在被执行人与相关债权人进行勾结制造假债权等情况下，案外人申请再审在程序上较为困难，权利救济难以实现②。而另一种观点则认为，法院在本诉中不能对生效裁判文书进行审查，虚假债权等问题可以通过再审程序排除原执行依据的既判力③。对于为什么法院不能在本诉中审查生效裁判文书，有论者进行了比较详细的论证：第一，在中国的司法传统中，"裁判只具有相对效力"的观念接受度比较低，判决冲突是严格禁止的；第二，同案不同判令人难以接受，尤其是在同一个法院；第三，免证事实的反证应作区分④。

1.2.5 关于参与分配异议之诉管辖机构的研究

关于本诉的管辖机构，实际上主要涉及两个问题：一是究竟应

---

① 翁晓斌. 民事执行救济制度 [M]. 杭州：浙江大学出版社，2005.

② 廖浩. 执行分配方案异议诉讼之解释论研究：以法律方法为视角 [J]. 研究生法学，2013 (1)：31-36.

③ 楼常青，楼晋. 民诉执行程序中分配方案异议之诉的运作 [J]. 上海政法学院学报（法治论丛），2012 (1)：123-130.

④ 贺荣. 司法体制改革与民商事法律适用问题研究 [M]. 北京：人民法院出版社，2015：21-23.

当由哪个法院管辖，二是由法院的哪个部门管辖。第一，对于管辖法院，一般认为，由执行法院受理本诉是比较合适的。由于分配方案是由执行法院作出的，执行法院最为知晓案件执行的相关情况，由执行法院管辖本诉案件，可以降低调查成本，一旦发现错误，也方便及时纠正、及时执行①。第二，对于管辖部门，主要存在两种观点。一种观点认为，在我国，由执行局审理本诉案件更为合理，因为民事执行权的性质决定了法院执行部门拥有执行裁判权，法院执行部门内部的"审执分离"为执行部门审理本诉案件创造了组织条件，法院内部执行部门与审判部门的分工也意味着由执行部门审理本诉案件可以更好地节省司法资源、提高执行效率；不难看出，此观点是建立在法院执行部门内部也进行了"审执分离"分工的基础之上的②。另一种获得更多人赞同的观点认为，本诉由法院的民事审判部门审理更为适宜。有论者指出，涉执行的诉讼案件不是可以默示授权的事项，既然司法解释并未明确将审理涉执行案件的权力纳入执行审查权的范畴，则意味着涉执行的诉讼不应由执行部门进行审理；此外，案外人执行异议之诉等案件均是由法院民事部门审理，本诉不应例外地由执行部门审理；当然，如果随着审判专业化发展，法院内部能够设立专门的独立审判部门审理涉执行的相关诉讼案件，也是一个很好的选择③。

---

① 杨柳. 比较与借鉴：中德执行分配方案异议之诉的制度框架分析 [J]. 法律适用，2011 (8)：56-59.
② 李世成. 论执行参与分配方案异议之诉的程序构造 [J]. 法律适用，2011 (9)：15-18.
③ 廖浩. 执行分配方案异议诉讼之解释论研究：以法律方法为视角 [J]. 研究生法学，2013 (1)：31-36.

1.2.6 关于参与分配异议之诉诉讼费用的研究

有学者指出，诉讼费用标准的设立必须要考虑一些现实因素：一是社会经济发展状况及社会民众收入状况；二是诉讼程序实际消耗的司法资源及审批成本；三是对事关社会公民自由与安全的基本权利的诉讼，应当设置较低的收费标准[①]。诉讼费用制度是否具有合理性，关涉对当事人的诉权保障以及对滥诉、无理诉行为的限制，关涉司法公正以及对弱者的司法保护是否能够实现，关涉诉讼程序是否能够良性运行[②]。一般来讲，诉讼费用的征收依据主要包括案件是诉讼性质还是非诉性质，案件是财产性案件还是非财产性案件，案件审理适用的程度是繁还是简，案件审理的不同阶段等[③]。由于诉讼费用制度在整个民事诉讼制度中非常重要，在 21 世纪最初的十年，学术界对此讨论甚多。其中，傅郁林对诉讼费用的性质与诉讼成本的承担展开了专门研究，还介绍和比较了美国、德国、英国等国家的相关制度安排[④]；廖永安、赵晓薇对日本的诉讼费用制度进行了考察，并与我国相关制度安排进行了比较[⑤]；周成泓对美国的民事诉讼费用制度进行了介绍，并总结出其对我国制度建设的启示[⑥]。与此同时，学术界关于诉讼费用制度的规范研究大量涌现，其中比较

[①] 李瑞霞. 对《诉讼费用交纳办法》实施问题的思考 [J]. 法治论丛（上海政法学院学报），2008（2）：117-120.

[②] 浙江省余姚市人民法院课题组. 关于《诉讼费用交纳办法》实施运行的调查与问题探索：立足于基层人民法院的思考 [J]. 法律适用，2008（6）：13-15.

[③] 廖永安. 论民事诉讼费用的性质与征收依据 [J]. 政法论坛（中国政法大学学报），2003（5）：63-70.

[④] 傅郁林. 诉讼费用的性质与诉讼成本的承担 [J]. 北大法律评论，2001（1）：239-274.

[⑤] 廖永安，赵晓薇. 中日民事诉讼费用制度比较研究 [J]. 北京科技大学学报（社会科学版），2004（2）：41-47.

[⑥] 周成泓. 美国民事诉讼费用制度及其对我国的启示 [J]. 法律适用，2006（3）：86-89.

有代表性的论文有：廖永安的《论民事诉讼费用的性质与征收依据》，廖永安、刘方勇的《潜在的冲突与对立：诉讼费用制度与周边制度的关系考》，霍娟的《从民事诉讼费用收取标准成因看我国的民事诉讼费用制度》，邵俊武的《民事诉讼费用的法律思考》，廖永安《〈诉讼费用交纳办法〉之检讨》，穆昌亮的《试论我国民事诉讼费用制度》。一些考察制度运行现状的实证研究成果也不断面世，比如廖永安的《诉讼费用制度专题实证研究》2016 年在法律出版社出版，王亚新的《诉讼费用与司法改革：〈诉讼费用交纳办法〉施行后的一个"中期"考察》，廖永安、李胜刚的《我国民事诉讼费用制度之运行现状：以一个贫困地区基层法院为分析个案》，上海市高级人民法院课题组的《上海法院实施〈诉讼费用交纳办法〉的实证分析》，李纯光的《对〈诉讼费用交纳办法〉实施后的调查与思考：以湘西某基层法院为研究对象》，浙江省余姚市人民法院课题组的《关于〈诉讼费用交纳办法〉实施运行的调查与问题探索：立足于基层人民法院的思考》。关于诉讼费用制度研究的这些成果，为参与分配异议之诉诉讼费用的研究奠定了重要基础。目前，我国民事案件主要区分了财产案件、非财产案件、知识产权案件与劳动争议案件四种类型，诉讼费用的收取分别按照不同类型设置标准。在实践中，参与分配异议之诉的诉讼费用收取呈现出不同的样式，即既有法院按照财产案件收费标准收取，也有法院按照非财产案件收费标准收取；即便按财产案件收取，有观点认为应当以本诉的诉讼请求涉及的异议金额作为计算诉讼费用的基数，也有观点认为应当以原告完全胜诉后能够得到的分配金额与原有分配方案载明的分配金额之间的差额作为计算诉讼费用的基数①。因此，关于本诉的诉讼费用收取标准，理论上的认识与实务中采取的方式存在很大差异，迫切需要对其进行统一。

1.2.7　关于参与分配异议之诉异议事由的研究

在本诉中，所谓异议事由是指原告认为原分配方案应予以变更的理由。在执行程序中，异议者提出的异议一般可以分为程序性异议和实体性异议，程序性异议属于执行行为异议，非为本诉异议事由；而实体性异议才是分配方案异议，属于本诉异议事由②。有论者认为，凡是主张债权人的债权不存在（包括时效完成、超过法定利率的利息）、数额争议、优先分配次序，都可作为异议事由。具体而言，所谓债权不存在，是指并无债权人主张的对债务人的债权；数额争议是指债权的确存在，但数额并非债权人所主张的数额；优先分配次序是指分配方案所列明的优先受偿有误或分配方案所列明的平均受偿有误，应为平均受偿或优先受偿。另有论者认为，异议事由应当包括债权不真实或者已灭失、分配金额计算有误、受偿顺位不当。此外，还应当区分债权人作为原告与被执行人作为原告时异议事由的差异。如果被告债权人所持有的执行依据，有既判力或与确定判决同一效力，则原告仅提出执行依据产生前发生的事实，应承担败诉后果③。上述学理看法合理与否，在我国目前的制度规范层

---

① 申芙蓉，阎颖. 执行分配方案异议之诉案件受理费用标准的实践考察与统一化构想 [J]. 司法改革评论，2017（1）：144-162.

② 刘贵祥，宋朝武. 强制执行的理论与制度创新："中国执行法论坛"优秀论文集 [M]. 北京：中国政法大学出版社，2017：57-61.

③ 廖浩. 执行分配方案异议诉讼之解释论研究：以法律方法为视角 [J]. 研究生法学，2013（1）：31-36.

面没有对异议事由进行规定。根据我国现行的司法解释规定，只要对法院制定的分配方案不服，无论是否有正当理由，均可以提出异议，并未对异议事由作出任何限制。有学者指出，在这样的制度设计下，法院的角色过于消极，即法院仅负责将异议通知给其他当事人，而不对异议进行审查，这会给当事人拖延执行、规避执行、发泄不满情绪创造条件，给法院工作造成很大压力，也使得执行程序和诉讼程序久拖不决、久拖无果[①]。不过，也有学者认为，只要原告的异议合法，不论有无理由，法院均应将异议通知送达给相关当事人。

1.2.8 关于参与分配异议之诉诉讼请求与判决主文的研究

诉讼请求应该怎么提与判决主文应该怎么写，在本质上是同一回事。对于法官的裁判来说，如果原告的诉讼请求恰当且有充分的证据支持，法官则会在判决主文中予以支持，否则就会予以驳回。在我国，实务界有观点认为，在原告胜诉的情况下，本诉的判决主文可以包括两项：一是确认原告的债权额度和分配顺位，或者确认某项债权不存在或者从实体上已经丧失参与分配的资格；二是责令执行机构重新制作分配方案[②]。有论者根据实务界的上述观点，将原告可以提出的诉讼请求明确为三项：一是请求法院确认原告债权数额及分配顺位；二是请求确认被告债权不存在或者已经丧失参与分

---

① 贺荣. 司法体制改革与民商事法律适用问题研究 [M]. 北京：人民法院出版社，2015：37-39.

② 编辑部. 如何处理分配程序中的异议和分配方案异议之诉 [J]. 人民司法，2013（9）：111.

配的资格；三是请求纠正执行法院原来的分配方案①。也有省级法院的实务专家认为，原告的诉讼请求应包含以下三项：第一，请求法院支持原告对分配方案的具体异议；第二，请求法院确认原分配方案中异议部分违法；第三，请求法院撤销原分配方案中异议部分，责令执行部门变更或者重新制作分配方案②。还有观点认为，原告全部或者部分胜诉的，法院应当判决更正分配方案中有争议的金额或分配次序部分，或判令执行机构重新制作分配方案或履行一定的分配程序③。甚至有观点指出，本诉原告的诉讼请求应当是"被告所受分配的债权应当减为××元，请求将其减少的金额××元转而分配给原告"；原告胜诉后，法院应当判决更正分配方案，载明被告应当减少的金额以及原告增加的金额④。不难看出，对于原告的诉讼请求该如何提以及判决主文该怎么写，现有的观点可谓是五花八门。在这一重要问题上的认识不清，导致实务操作各行其是，给当事人造成了极大困扰，也无疑会对当事人的权利造成损害。

1.2.9　关于参与分配异议之诉原告胜诉后胜诉利益分配的研究

如果原告胜诉，则意味着被告的债权被本诉判决所否定（或部分否定）、其分配顺位或者分配金额被调整。此时，无异议部分的财产已经被分配，那么，对于有异议部分中的原告胜诉利益，究竟应

---

① 方怀宇，马浩杰．执行分配方案异议之诉实务探讨 [J]．湖北经济学院学报（人文社会科学版），2016（7）：85-86．

② 李世成．论执行参与分配方案异议之诉的程序构造 [J]．法律适用，2011（9）：15-18．

③ 楼常青，楼晋．民诉执行程序中分配方案异议之诉的运作 [J]．上海政法学院学报（法治论丛），2012（1）：123-130．

④ 廖浩．执行分配方案异议诉讼之解释论研究：以法律方法为视角 [J]．研究生法学，2013（1）：31-36．

该如何分配呢？原告可以分为两类，即原告为债权人和原告为被执行人。在原告为被执行人的情况下，胜诉利益的分配基本上不存在争议，学术界和实务界普遍认为，如果被执行人作为原告胜诉了，原告与被告之间的执行关系被排除或者被变更，被告的受分配的利益被全部或者部分否定，胜诉的利益则应当由全体债权人共享。然而，对于债权人作为原告胜诉的，胜诉利益该如何分配，学术界和实务界争议很大。对此，主要有两种观点：一是吸收说，即被告被排除的原分配方案的分配额，由原告在其债权额度范围内接受分配；二是按份说，即被告被排除的原分配方案的分配额，由包括原告在内的所有其余债权人按照比例接受分配。在实务中，日本基本采行的是吸收说，而我国主要采用的是按份说①。无论是吸收说还是按份说，如果分配之后仍有剩余，又都会产生剩余财产归属的问题。对于此问题，日本学术界持有被执行人保有说与被告保有说两种观点，而实务界基本采行被执行人保有说；中国台湾地区的理论界与实务界基本采行被执行人保有说②。就国内目前的文献来看，基本只涉及了分配无剩余的情况，对于分配后仍有剩余的情形，基本未有讨论，我国究竟应当采行什么标准，尚需进一步讨论。

1.2.10　关于参与分配异议之诉与其他诉讼交互作用的研究

关于本诉与其他诉讼的交互，现有文献主要关注了以下三个方面：第一，与债务人异议之诉的竞合。有观点认为，债务人异议之诉与本诉要件不同，且效果也不相同，但是当债务人主张债权因清

---

① 王玲. 民事执行程序中分配方案异议之诉研究 [J]. 法学论坛, 2019 (4): 136-142.
② 詹咏媛. 分配表异议之诉：从民诉法与执行法兼具之观点 [D]. 台北：台湾大学, 2018.

偿等事由而消灭时，债务人既可以提起债务人异议之诉，也可提起本诉，两者存在竞合；此等情况下，如果债务人在提出异议前已经提起了债务人撤销之诉，则不能再行提起本诉，以免就同一事由再行起诉，浪费司法资源。参与分配之后已经有参与分配异议之诉可资运用，为一体性解决参与分配债权人之间的纠纷，以求划一性解决，即不允许异议人于分配程序外另行起诉①。也有观点认为两诉的诉讼标的并不相同，故不会发生重复起诉的问题，只是两诉可能会因独立审理而产生裁判矛盾；如果原告前诉胜诉而本诉败诉，法院仍应按原来的分配方案执行，待执行完毕后，原告又可根据前诉胜诉判决起诉，请求返还不当得利②。第二，本诉与第三人撤销之诉的衔接。在虚假债权参与分配的问题上，生效裁判法律文书确认的债权事实不能成为本诉的审查对象，而再审制度的缺陷决定了其不能充分发挥对作为参与分配依据的生效法律文书的纠错功能，在此情况下，异议人只能另行提起第三人撤销之诉；如果是提起本诉后再提起第三人撤销之诉，因第三人撤销之诉的审理结果对本诉的审理有直接影响，故本诉应当中止审理③。而如果原告在提起本诉后败诉，其还能提起第三人撤销之诉，即以第三人撤销之诉来弥补本诉之不足④。第三，本诉与不当得利返还诉讼的竞合。债权人或被执行人在参与分配过程中有异议事由但未提起异议、撤回异议或者被视

---

① 许士宦. 强制执行法 [M]. 台北：新学林出版股份有限公司，2017.
② 廖浩. 执行分配方案异议诉讼之解释论研究：以法律方法为视角 [J]. 研究生法学，2013（1）：31-36.
③ 贺荣. 司法体制改革与民商事法律适用问题研究 [M]. 北京：人民法院出版社，2015：61-63.
④ 方怀宇，马浩杰. 执行分配方案异议之诉实务探讨 [J]. 湖北经济学院学报（人文社会科学版），2016（7）：85-86.

为撤回异议的，法院根据分配方案实施分配后，还能否依据不当得利的相关规定请求已经接受分配的债权人返还？对此，有三种观点：第一种观点认为，不能因为债权人是由法院根据分配方案受领了分配款项，便是有法律上的原因，不构成不当得利①。即原告即便同意按照原分配方案进行分配，但并不能认为其承认了接受分配的债权人有实体法上的权利，也不能认为其放弃了不当得利返还的请求权。第二种观点认为，既然法律已经给与债权人或被执行人陈述和提出异议并进而提起诉讼的权利，但其放弃了，受领人根据原分配方案受领款项，即构成"法律上的原因"，故相关债权人或债务人不得再提起诉讼、请求返还不当得利②。第三种观点认为，债权人是否可以事后再提起不当得利返还诉讼，要看债权人的债权是有优先受偿权的债权还是仅为一般债权，前者可以提起不当得利返还诉讼，而后者不能③。

参与分配异议之诉研究的既有相关文献，在很多问题上取得了较大的进展，给本书的研究提供了诸多参考，有的文献还起到了指引方向的作用。但总体来看，既有文献还存在着几个方面的明显不足：第一，就国内的研究来看，数量很少，对本诉的很多问题尚未涉及，而已经有所讨论的问题，有的又争议极大，各种学说林立，易造成认识上的混乱。此外，国内研究成果在论证上普遍深度不够，即观点多但理由不充分、想法多但各种观点无法串联起来形成体系。第二，就域外的研究来看，德国、日本、我国台湾地区等的制度发

① 陈计男. 强制执行法释论 [M]. 台北：元照出版有限公司，2002.
② 王玲. 民事执行程序中分配方案异议之诉研究 [J]. 法学论坛，2019 (4)：136-142.
③ 朱淼蛟，唐学兵，曹慧敏. 执行异议之诉的程序构造 [J]. 法律适用，2006 (9)：50-53.

展、理论研究都起步更早，学术研究成果相对更加成熟，但是，一方面，对于本诉的一些具体制度机制应当如何安排，域外研究的争论也相当大；另一方面，无论是制度设计还是学术讨论，必须要考虑整个的宏观社会环境、制度环境等因素，因此，域外的制度成果和学术成果不能全盘地"为我所用"，发展出适应中国实际、具有中国特色的制度和理论体系，是十分必要的。第三，无论是国内的还是域外的研究成果，都普遍存在着体系性不强的缺陷。换言之，极少有人专门对参与分配异议之诉进行全方位研究，研究成果显示出明显的碎片化特征。本书将对参与分配异议之诉展开专题研究，对其中涉及的主要理论问题和实践操作问题进行详细论证，以期对学术研究之推进有所助益。

1.3 研究方法

本书所研究的参与分配异议之诉，既涉及很多理论问题，其本身又是一个实践性很强的课题。因此，本书将综合运用如下几种研究方法，对论题展开多维度研究：

第一，规范研究法。规范研究法是法学研究的基本方法之一，其注重以价值判断为基础，对法律规范的内涵、外延及法律的分类、效力等进行研究，其意义在于能够为法律从业者提供一种思维技巧和相应的操作技巧[①]。目前，我国已经建立起参与分配异议之诉的大

---

① 谢晖. 转型社会的法理面向：纯粹法理学导言 [J]. 广东社会科学，2003 (2)：89-95.

体制度框架，因此，对本诉的研究，首先就要对现有的制度规范进行理论上的细致解读，以明晰立法原意、统一理论认识。当然，参与分配异议之诉的制度框架并非凭空构建，其背后有一系列的背景制度，也存在着一系列的衔接、配套制度。在这个意义上，从整体主义视角对这些背景制度以及衔接、配套制度展开规范分析，也是十分必要的——这可以从更高层面、更广视野达成对参与分配异议之诉的更合理认识。

第二，比较研究法。近现代中国法制是以法律比较为起点并通过法律比较而发展的；近现代中国法制的建设和发展以及法学的复兴和繁荣，都是在比较法学的基础上展开的①。现今中国的法律制度体系，基本上是近代以来特别是改革开放以来学习借鉴域外经验而形成的，参与分配异议之诉也不例外。虽然这一诉讼制度的规范依据尚不完备，但其具体的制度设计本身应当说与德国、日本及中国台湾地区有着很大的相似性，这些国家和地区的制度发展情况及理论研究成果，对我国具有很重要的借鉴意义。为了开拓研究思路、吸收既有经验，比较研究法是本书将采用的重要研究方法之一。当然，比较法研究的目的应当是比较不同法律制度之间存在的异同点，通过了解外国法制从而更正确地认识本国法制，而不是照搬照抄外国法律，因而比较法的研究应当跟本国的社会经济条件、文化传统与历史习惯紧密结合②。因此，兼具借鉴与批判，将是本书进行比较研究的基本立场。

第三，实证研究法。目前，实证研究已经成为经济学、社会学、

---

① 米健. 比较法学与近现代中国法制之命运 [J]. 现代法学，2005 (2)：12-21.
② 张礼洪. 比较法学的目的与方法论 [J]. 现代法学，2005 (4)：12-19.

教育学等社会科学的主要研究方法之一，在法学研究中，实证方法也成为"正在兴起的新范式"①。在国内法学界，运用实证研究方法的学者队伍愈发壮大，左卫民、白建军等一批学者已经成为法学实证研究的践行者。本书将实证研究作为开展研究的重要方法，其目的不在于"随大流""追热点"，而是因为参与分配异议之诉本身就是一个实践性的论题，对其的研究自然要"从实践中来、到实践中去"，即要从司法实践中发现问题并努力解决实践中存在的问题。在实证研究方面，本书会对论题涉及的一些数据进行统计、分析，也会就一些典型案例展开讨论和评析，从中发现司法实践中的一些倾向、了解实务界的观点。

1.4　结构安排

除了绪论和结语部分，本书正文共分五部分。在绪论部分，首先提出研究问题，指出本书研究的理论意义和实践意义；其次对国内外的研究文献进行梳理，发现和展示既有研究的成果及其存在的不足，为本书的后续研究确定研究重点和研究方向；最后介绍本书采用的主要几种研究方法。总体来说，绪论的作用就是提纲挈领，为正文研究作准备。

第 2 章：民事执行参与分配异议之诉的理论廓清。本章主要对参与分配异议之诉的缘起进行梳理，指出我国现有制度体系的特征

---

① 左卫民. 实证研究：正在兴起的法学新范式 [J]. 中国法律评论，2019 (6)：1-4.

和缺憾；论证参与分配在我国采取一般破产主义立法模式后仍然存在的合理性和必要性，指出即便在个人和其他组织也被纳入破产主体范围的情况下，参与分配制度也具有极强的现实意义，进而证明，即便我国采取一般破产主义的立法模式，本书的研究也是有理论意义和现实意义的；对参与分配异议之诉的诉讼性质进行分析，在梳理现有理论争论的前提下，对目前的几种观点进行评析，然后指出界定参与分配异议之诉的诉讼性质应当采取的观点，论证参与分配异议之诉应当坚持的价值追求。

第3章：民事执行参与分配异议之诉的构成要素。本章主要研究三个问题：其一，本诉的诉讼标的，即本诉当事人之间因发生争议而请求法院进行裁决的法律关系；其二，本诉的当事人，即确定哪些主体可以作为适格原告，哪些主体作为被告，本诉中是否可以存在第三人；其三，本诉的诉讼事由，即原告对被告所提出的异议内容应当如何界定。

第4章：民事执行参与分配异议之诉的起诉与审查。本章主要包括四个方面的内容：第一，研究起诉的前提要件，总结现有制度规定、指出目前存在的问题以及现实的危害，提出完善的具体建议；第二，研究本诉的诉讼请求，探究什么样的诉讼请求才是符合原告起诉目的并能够为诉讼法所容许的，在此基础上规范诉讼请求的具体表达内容；第三，研究起诉审查，论证为什么本诉应当采取立案审查制，法院究竟应当审查什么、如何审查以及当事人如何进行权利救济；第四，研究参与分配异议之诉的案件受理费，从实践乱象出发，讨论案件受理费制度对于发挥本诉制度功能的重要作用，最终提出规范案件受理费收取的具体路径。

第 5 章：民事执行参与分配异议之诉的诉讼程序。本章主要讨论参与分配异议之诉诉讼程序中的四个重要问题：一是诉讼程序的简化改革，论证进行诉讼程序简化改革的正当性并提出简化诉讼程序的具体路径；二是研究参与分配异议之诉的共同诉讼形态，指出哪些情况下才能构成共同诉讼以及如何对共同诉讼进行定性；三是研究参与分配异议之诉当事人攻击防御方法，包括原告变更诉讼事由如何处置、被告所持执行依据的既判力如何界定以及原被告双方的举证责任如何分配；四是诉讼竞合的处置，主要包括参与分配异议之诉与债务人异议之诉的竞合如何处理以及其与第三人撤销之诉如何处理。

第 6 章：民事执行参与分配异议之诉的裁判与后续事项的处置。本章主要讨论三大方面的问题：第一，讨论不同情形下参与分配异议之诉的裁判形式以及相关的后果，主要包括诉不合法、诉无理由、诉有理由分别如何裁判，撤诉及按撤诉处理如何操作以及其法律后果如何界定，诉讼和解是否应当准许；第二，研究参与分配异议之诉的判决效力如何以及原告胜诉后胜诉利益如何分配，从参与分配异议之诉的诉讼性质出发界定其判决的效力辐射范围，指出了原告胜诉利益应当坚持的原则和遵循的具体操作规范；第三，论述参与分配程序终结之后准许当事人再提起不当得利返还诉讼的合理性。

第 7 章：结语部分对本书前面章节的主要结论进行总结。不难看出，本书的研究是以实践为导向，特别关注参与分配异议之诉的制度应当如何设计、如何理解、如何运用，试图构建一个关于本诉的完整的理论框架。本书的研究可以为推进参与分配异议之诉的理论研究、制度完善以及合理的司法适用提供一定的学理参考。

2 民事执行参与分配异议之诉的理论廓清

在研究开始之际，我们有必要对参与分配异议之诉的基本理论展开比较细致的梳理，为后文的深入研究奠定基础。本章首先对参与分配异议之诉的缘起进行解析，其次对参与分配异议之诉的制度正当性进行证明，再次讨论参与分配异议之诉的性质，最后探讨参与分配异议之诉应当坚持的价值追求。

2.1 民事执行参与分配异议之诉的缘起

参与分配异议之诉是一项缘起于域外的诉讼制度。在我国，参与分配异议之诉是由最高法院的司法解释所确立的，立法①位阶不高

---

① 在此处，本书从更加宽泛的意义上使用"立法"一词：严格来讲，我国目前的民事诉讼法以及其他相关立法并没有对参与分配异议之诉进行规定，本诉的主要依据是最高人民法院所出台的几个司法解释。但是，一方面，在我国，很多司法解释本来就时常突破法律所设计的制度框架，在事实上具备了立法的功能；另一方面，在学理解释上，司法解释也确实属于法律的渊源，因此，本书将司法解释的演变历程以更加简洁的"立法演进"进行表述，应当是妥当的。

且制度体系不够完善，制度的完善和理论的研究都还有极大的空间。

参与分配异议之诉是从参与分配程序中衍生出来的诉讼类型。对于参与分配，有的学者认为其是指在执行程序中，申请人以外的债权人在同一被执行人的财产不足以清偿所有债权的情况下，申请加入已经开始的执行程序中，请求将执行财产对各债权人平均清偿的执行分配制度①。另有学者认为，参与分配是指对被执行人（公民或其他组织）的财产进入执行程序之后，该被执行人的其他已经取得执行依据的或者已经起诉的债权人发现被执行人的财产不能清偿所有债权，申请执行人向执行法院申请对财产进行分配，使债权平均受偿的制度②。中国台湾学者对此的理解也有些许不同，如张登科认为参与分配就是指债权人依据（其对被执行人的）金钱债权之执行名义，申请就债务人之财产强制执行后，其他债权人向法院请求就执行所得的金额，同受清偿之意思表示。无论是哪种观点，其共同点在于，都承认参与分配是在被执行人财产不足以清偿所有债权的情况下，债权人通过参与分配获得平均或公平受偿。③

参与分配异议是参与分配异议之诉的前提条件之一。在参与分配过程中，法院将在多个债权人参与分配的情况下制作分配方案并送达所有债权人和被执行人。对于债权人是否对被执行人享有债权、债权是否已经灭失、债权是否具备优先受偿地位、分配的金额是否合法合理等实体性问题，其他债权人或者被执行人可以提出异议。

---

① 张卫平. 民事诉讼法 [M]. 北京：中国人民大学出版社，2019.
② 杨立新. 民事执行程序中的参与分配制度 [J]. 法律科学（西北政法学院学报），1994（1）：86-89.
③ 张永泉. 民事执行程序中"参与分配"的理论与制度构建 [J]. 苏州大学学报（法学版），2017（4）：117-130.

债权人或被执行人提出异议后，如果未提出异议的债权人、被执行人在规定期日内没有提出反对意见，法院直接按照异议人的意见对分配方案进行调整；如果未提出异议的债权人、被执行人按规定程序和期日对异议提出反对意见，异议人可以在规定期日内，以提出反对意见者为被告，向法院提起参与分配异议之诉。如果异议人在收到反对意见的通知后没有起诉，法院应当直接按照原来制定的分配方案实施分配。在参与分配异议之诉的诉讼期间，原则上不影响异议部分之外的财产分配①；继续分配时，只需提存异议部分的条款。

德国、日本、我国台湾地区已经建立了参与分配异议之诉制度，而我国相关的制度建设却起步较晚。在 1992 年制定的《关于适用〈中华人民共和国民事诉讼法〉若干问题的意见》② （以下简称为《民诉意见》）中，最高法院首次对参与分配进行了规定。《民诉意见》第二百九十七条、第二百九十八条对参与分配的基本要件进行了明确：第一，被执行人必须为公民或者其他组织，被执行人为法人的，不在参与分配的范围之列；第二，债权人提出参与分配申请的时间为执行程序开始后，被执行人的财产被清偿前；第三，提出申请的债权人必须已经取得执行依据或者已经起诉；第四，被执行人的财产不能清偿所有债权；第五，债权人申请参与分配必须有事实和理由，还要附有执行依据。1998 年，最高法院出台《关于人民法院执行工作若干问题的规定》（以下简称《执行规定》），其中的

---

① 杨柳. 比较与借鉴：中德执行分配方案异议之诉的制度框架分析 [J]. 法律适用，2011（8）：56-59.

② 该意见已经于 2015 年废止。

第九十条、第九十一条、第九十二条、第九十三条、第九十四条、第九十五条都是关于参与分配的条文。《执行规定》除了延续《民诉意见》的精神和主要内容之外，还对参与分配的主持法院、优先受偿权、参与分配的比例分配、参与分配后剩余债务的继续清偿等问题进行了明确，制度设计更加详细，也更加具有可操作性。

参与分配异议以及异议之诉的正式发端，是 2008 年最高人民法院制定的《关于适用〈中华人民共和国民事诉讼法〉执行程序若干问题的解释》（以下简称《执行程序解释》）。该《执行程序解释》第二十五条和第二十六条规定：第一，对于参与分配的财产，法院应当制作分配方案并送达债权人和被执行人。第二，债权人或被执行人可在收到分配方案之日起十五日内书面提出异议。第三，针对债权人或被执行人有异议的情况，法院应通知未提异议的债权人和被执行人，而未提异议的债权人和被执行人可在收到通知之日起十五日内对异议提出反对意见，法院应将该反对意见通知异议人（若未提异议的债权人和被执行人不提反对意见，则按异议人意见审查修正分配方案并进行分配）。第四，异议人收到反对意见后，可在十五日内起诉提出反对意见者。第五，异议人逾期未起诉的，按原分配方案进行分配；在期限内起诉的，可对争议债权数额相应款项予以提存。

2015 年，最高人民法院出台《关于适用〈中华人民共和国民事诉讼法〉的解释》（以下简称《民诉解释》），第五百零八条、第五百零九条、第五百一十条再次规定了参与分配的相关制度，而第五百一十一条、第五百一十二条对参与分配异议以及异议之诉进行了规定。《民诉解释》是参与分配、参与分配异议以及参与分配异议之诉的最新制度依据。但值得注意的是，虽然《民诉解释》与前面几个文件在参与分配异议之诉的相关规定上，基本保持了延续，但是内容并无太多变化，特别是第五百一十一条、第五百一十二条基本照搬了《执行程序解释》第二十五条和第二十六条关于参与分配异议之诉的规定。

由此可见，参与分配异议之诉在我国的发展还处于比较初级的阶段，总体来说具有如下四个方面的特点：

第一，立法启动的时间比较晚。参与分配最初出现于最高法院于 1992 年制定的《民诉意见》，距今不过 30 多年的时间；而参与分配异议以及异议之诉，则更是迟至 2008 年出台的《执行程序解释》中才被论及。与域外发展历史相比，参与分配异议之诉制度在我国的发展时间较短。由于发展较晚，参与分配异议之诉的规定还很不完善，虽然域外已有诸多立法经验可供借鉴，但鉴于该制度的实践性非常强，我国的立法者并没有直接进行大规模的制度移植。同时，由于该诉讼制度的立法时间较短，在司法实践中，其被运用的频率并不太高，很多当事人甚至并不知道该制度的存在。在中国裁判文书网上以"执行分配方案异议之诉"检索历年案例，我们可以发现，从 2011 年开始，全国法院出现参与分配异议之诉案件，2011 年至 2019 年的案件数分别是 5 件、3 件、56 件、322 件、448 件、613 件、1 088 件、1 617 件、1 838 件①；总量较小且呈现出逐年递增的趋势，这表明制度的运用的确跟其时间发展的长短（这影响着社会公众特别是案件当事人对该制度的熟悉度）有相关关系。

---

① 数据来源：中国裁判文书网。

第二，立法的位阶比较低。关于参与分配、参与分配异议乃至参与分配异议之诉，我国一直都是以最高人民法院司法解释的形式进行规定的。虽然在各级法院的司法实务中，最高人民法院的司法解释占有非常重要的地位，而且由于其时常比法律更加细化、更加具有可操作性，办案法官对司法解释的关注度丝毫不亚于法律（有时甚至高于对法律的关注度），但无论如何，司法解释在位阶上始终是低于由立法机关制定的法律的。立法位阶低，将可能产生多方面的问题：首先，司法解释比法律更可能具有不稳定性。最高人民法院司法解释的制定只需通过最高法院审判委员会即可，而法律的制定则需由全国人大或其常委会表决通过，前者由于程序更加简化、涉及的面更窄、法律文件的效力更低，因而可能在某些制度上表现出变动不居的样态。其次，对当事人权利保护的力度不够强。参与分配异议之诉的依据不是法律，意味着当事人提出异议、提出反对意见、提起诉讼乃至这一系列程序中的程序性权利，都没有得到正式法律的认可，当事人的权利还不能称得上是真正意义上的"法定权利"。最后，容易招致合法性质疑。参与分配异议之诉并没有明确的法律层面的依据，以司法解释的形式就"创制"一套关系到公民权利救济的诉讼制度，容易引起人们对其合法性的质疑。

第三，立法的空白较多。作为一项诉讼制度，并且是一项兼具执行和诉讼特点的诉讼制度，参与分配异议之诉的主要规范依据仅仅是《民诉解释》第五百一十一条、第五百一十二条这两个条文，很多重要的具体规则并没有予以明确。比如，这两个法条规定了当多个债权人参与分配时，法院应当制作分配方案，但并没有规定如果法院没有制作分配方案，当事人该如何救济权利；规定了债权人或者被执行人对分配方案提出异议的，法院应当十五日内通知未提异议的当事人，但并没有规定如果法院未进行通知会产生什么样的后果以及当事人权利如何救济；规定了谁可以作原告、谁可以作被告，但是本诉是否存在共同原告和共同被告、是否可以存在第三人，如果可以存在第三人，那是有独立请求权的第三人还是只能是无独立请求权的第三人，都不明确。至于诉讼费用如何收取，程序如何设计才能兼顾公平和效率，当事人诉讼请求应当如何提，判决主文应当如何写，本诉与相关诉讼的关系如何协调，等等，更是语焉不详。关于参与分配异议之诉，我国虽然已经搭建了初步的框架，但是制度的完善还任重道远。

第四，部分规则不够合理。虽然现有的制度框架比较粗糙，但是在短短的两个法律条文中，我们可以看到，法院在诉讼发起前特别是当事人提起异议以及提出反对意见阶段的作用是非常有限的，其地位也相当被动。从法条规定来看，法院在此阶段的主要责任就是"通知"，即将分配方案通知各方，将异议通知未提起异议者，将反对意见通知异议者，至于异议或反对意见是否漫无边际、毫无道理，似乎并不被视为是法院应当关心和审查的事情。效率应当是执行程序追求的重要价值，特别是在当前中国普遍面临"执行难"的情况下，如何提高执行的效率应当是执行程序的相关制度设计必须面临和解决的重要问题。就参与分配异议之诉来说，如果法院不在诉前进行把关，将可能导致被执行人以及与被执行人相互串联的相关主体，以阻碍执行程序推进为目的，随意提起异议或提出反对意见，以至于发起或引起诉讼程序，拖延执行进程、损害债权人合法权益。

2.2 存废之争：民事执行参与分配异议之诉的正当性证成

目前，我国正在呼吁和讨论个人破产制度的建立。那么，个人破产制度建立后，参与分配制度以及相应的参与分配异议、参与分配异议之诉是否将退出历史舞台？本节将论证，个人破产制度建立后，参与分配、参与分配异议以及参与分配异议之诉仍然有其存在的必要性。

2.2.1 一般破产主义与参与分配：互补而非替代

2.2.1.1 一般破产主义确立后保留参与分配制度的必要性分析

在我国目前的破产制度下，破产只适用于企业法人，即我国采取的是有限破产主义。而在采用一般破产主义的国家或地区，不论是法人，还是自然人或其他组织，都具有破产能力[①]。近年来，我国学术界和社会上关于采取一般破产主义特别是建立个人破产制度的呼声日起。2020 年 8 月 31 日，深圳市人大常委会出台了《深圳经济特区个人破产条例》，这意味着我国个人破产制度已经通过地方立法的形式迈出了坚实的一步，全国性个人破产制度的建立指日可待。

那么，在我国立法采取了一般破产主义的情况下，参与分配制度是否还有存在的必要呢？答案是肯定的。

首先，从持否定意见的理由看，有的观点认为，我国现有的参

---

① 尹伟民. 民事执行程序中的参与分配制度 [J]. 当代法学，2003 (12)：155-157.

与分配制度是弥补有限破产主义的缺陷的一项制度安排，是为了解决当债务人是个人或其他组织时各债权人无法利用破产程序获得公平受偿的问题①，根据这一观点，当我国采取一般破产主义的立法模式后，参与分配制度似乎就没有存在的必要了。但这样的认识有失偏颇。不可否认的是，我国相关司法解释建立参与分配制度的初衷的确是弥补有限破产主义的缺陷，是最高人民法院在我国没有建立个人及其他组织破产制度的背景下满足债权人公平受偿需求的一种"无奈之选"，但这并不意味着参与分配制度本来的制度功能就是这样。我们只要稍加考察域外立法就会发现，在域外，参与分配不是为了弥补有限破产主义的缺陷而生成的，只是我们在引进这一制度时对其功能进行了异化。参与分配制度在我国司法实务中的困境根源在于我们赋予其破产制度的功能，导致其定位不合理。反观域外相关立法，破产制度与参与分配制度并行不悖，各自发挥制度功能，并不会出现实务的混乱②。因此，采用一般破产主义后，我国应当对参与分配的功能进行调整，让其发挥本来应当发挥的制度作用，而不是彻底废除参与分配制度。

其次，从比较法角度看，参与分配制度可以追溯到罗马法，后来世界各国民事诉讼法（包括强制执行法）都制定了这一制度。在具体的立法上，各国主要存在三种模式：第一是优先主义，即承认债权人因查封或保全顺序的先后依次取得标的物的担保物权，此为德国立法所采用；第二是平等主义，即债权人不因查封或保全之先

---

① 丁亮华. 参与分配：解析与检讨 [J]. 法学家，2015（5）：105-119，178-179.

② 陈志鑫. 民事执行参与分配制度的困境与进路 [J]. 上海政法学院学报（政法论丛），2014（6）：82-87.

后被区分，各债权人根据债权比例平均受偿，此为法国、意大利、日本等所采用；第三是团体主义，即承认债权人在一定期限内参与分配的，可以依债权比例平均受偿，且对该期限之后参与分配的债权人有优先受偿权，此为瑞士立法所采用①。应当注意的是，德国、日本等国家在破产立法上都是采取的一般破产主义，即个人和其他组织也在可以破产范围内，但它们同样建立了参与分配制度。这表明，一般破产主义下与参与分配制度并不是相互替代的关系，在一般破产主义下，参与分配制度仍然有存在的必要。

再次，从参与分配的本身制度功能看，采用一般破产主义的国家或地区，仍然在执行程序中设置了参与分配制度，其首要目的是使各债权人能够利用同一执行程序获得清偿，以节省时间和费用支出，其次才是为了解决债权人平等受偿的问题。因而在这些国家或地区，无论被执行人是法人还是自然人或其他组织，均可适用参与分配制度②。学术界也大都认为，因为金钱债权终局执行之间的竞合现象客观存在，个人破产与参与分配可以同时并存，只不过参与分配的制度功能应当由"代替个人破产程序"转变为"利用统一执行程序解决金钱债权终局执行之间的竞合"；同时，还要注重参与分配与个人破产的功能分化和配合③。个人破产制度的建立，可以为执行分配功能与破产还债功能的分化和纯化提供契机④，有效解决我国司

① 杨立新. 民事执行程序中的参与分配制度 [J]. 法律科学 (西北政法学院学报)，1994 (1)：86-89.
② 尹伟民. 民事执行程序中的参与分配制度 [J]. 当代法学，2003 (12)：155-157.
③ 肖建国，庄诗岳. 参与分配程序. 功能调整与制度重构：以一般破产主义为基点 [J]. 山东社会科学，2020 (3)：66-73.
④ 许尚豪，欧元捷. 执行分配与破产还债的功能分离：参与分配制度的现实重构 [J]. 人民司法，2014 (17)：102-107.

法实践中长期存在的"执行程序处理破产问题"而破产程序"不受欢迎"的现象①。但两者不是替代关系，而是互补与合作关系。作为一个执行制度，参与分配可以为了使各债权人利用同一个执行程序获得债权的清偿，节约执行时间与执行费用，也可以让各个债权人分担债务人因迟延或者不能清偿债务而带来的风险及损失②。

最后，从制度的相对优势看，参与分配也有其存在的合理性：第一，参与分配制度有利于债权人更快实现债权受偿。众所周知，破产是一项非常麻烦而且耗时长久的程序，税收、工人工资、各种不同类型的债权等都是其应当处理的事项，提起申请、裁定受理、发布公告、选拔破产管理人、进行资产清算等一系列程序纷繁复杂。对有的债权人特别是小债权人来讲，通过破产程序实现债权所耗费的时间和精力可能是其"无法承受之重"。而参与分配程序则相对简单得多，不会耗费太多的时间、精力和经济支出。第二，参与分配制度能够减少被执行人财产的流失。相较于参与分配，债权人经过破产程序可获得的债权受偿额度可能会更低。如果进入破产程序，破产费用、税收等都将是必然的支出费用，这导致可供债权人分配的财产在总额上会有所减少，对债权人的现实权益造成损害。第三，参与分配制度可以为债权人在被执行人不具备破产原因条件下实现债权的平等受偿提供机会。破产程序的启动要以被执行人具备破产原因为前提，一般来说，破产原因从理论上可以概括为"不能清偿、资不抵债、停止支付"③。而在实际生活中，有的被执行人虽然面临

---

① 唐应茂. 为什么执行程序处理破产问题？[J]. 北京大学学报（哲学社会科学版），2008（6）：12-20.

② 江伟. 民事诉讼法专论 [M]. 北京：中国人民大学出版社，2005.

③ 王欣新. 破产法 [M]. 北京：中国人民大学出版社，2013.

经济或经营上的困难，但并不一定就出现了破产原因。在这种情况下，如果有参与分配制度的存在，就可以为各债权人获得平等受偿提供契机。此外，即便被执行人真的出现了破产原因，但在事实上，如何证明其达到了破产的标准也存在相当的困难。换言之，要让债权人提供被执行人满足破产条件的相应证明材料，对债权人而言是一个巨大的负担。因此，在很多情况下，直接通过申请参与分配而非申请被执行人破产来争取债权的受偿，对债权人而言，或许是一个更好的选择。

2.2.1.2 个人破产制度建立后参与分配程序的功能调整与制度重构

前述分析均表明，采用一般破产主义的立法模式，并不构成废除参与分配制度的理由。参与分配制度在个人及其他组织破产制度建立后，仍然有继续存在的必要。在一般破产主义的条件下，我们所要做的并不是废除参与分配制度，而是要对参与分配制度进行重构，实现"执行分配与破产还债的功能分离"[1]。

本书也认为我国应当加快个人破产的立法进程，因为个人破产制度的建立，既可以为债权人快速获得受偿提供便利，又可以为陷入绝境的自然人提供东山再起的机会。个人破产制度的建立，将改变现有的以参与分配代替个人破产的局面，届时，参与分配程序的分配原则和适用要件都将进行变更。第一，在分配原则上，应当由现在的平等清偿原则变为优先原则，即普通债权人根据申请查封或参与分配的时间先后确定分配的具体顺序，实现先申请先受偿。平等清偿原则只应体现在个人破产程序中。第二，在适用要件上，也

---

[1] 许尚豪，欧元捷. 执行分配与破产还债的功能分离：参与分配制度的现实重构 [J]. 人民司法，2014 (17)：102-107.

要有所变化。具体来说，与债权人有关的要件主要有债权人已经取得执行依据或对执行财产享有实体法上的优先受偿权，债权人需两人以上且均享有终局执行的金钱债权，债权人必须在法定期间内申请参与分配；与债务人有关的要件主要有执行所得价款不足以清偿全部申请执行的债权且无破产原因，需是同一债务人同一被采取措施的执行财产，债务人包含企业法人、自然人、非法人组织等主体①。按照这一思路，个人破产制度建立后，参与分配的相关制度将会发生极大变化。

但必须要注意的是：第一，正如前文所述，个人破产制度与参与分配制度并非替代关系，个人破产制度建立后，参与分配制度仍有其现实意义，即便建立了个人破产制度，对于参与分配制度，我们的策略应当是完善而非废除。第二，更为重要的是，个人破产制度建立后，参与分配制度将在分配原则、适用要件等方面发生很大变化，但参与分配制度本身的重大变化，却并不必然导致参与分配异议以及参与分配异议之诉会发生巨变。特别是对于参与分配异议之诉，本书所研究的该诉的构成要素、起诉与审查、诉讼程序、裁判与后续事项处置等问题，几乎不会受到参与分配制度变化的影响（即便有所影响，这种影响也是非常小的，我们只需要根据参与分配制度的变化进行微调即可）。因此，本书的研究不仅在当前是具有理论意义和现实意义的，而且在个人破产制度建立之后依然具有理论意义和现实意义。换言之，即便我们在未来建立了个人破产制度，本书的研究仍然是有价值的，仍然不会过时。

---

① 肖建国，庄诗岳. 参与分配程序. 功能调整与制度重构：以一般破产主义为基点 [J]. 山东社会科学，2020（3）：66-73.

2.2.2 民事执行参与分配异议之诉的制度功能

在参与分配程序中设置异议程序以及后续的诉讼程序，是民事执行法制的进步。具体来说，参与分配异议之诉具有三个方面的制度功能：

第一，更有效地保护当事人权利。1992年出台的《民诉意见》首次建立了参与分配制度，直到2008年，最高人民法院才在《执行程序解释》中建立了参与分配异议制度及参与分配异议之诉制度。换言之，在2008年《执行程序解释》出台之前，参与分配中产生的所有纷争都只能通过执行程序解决。而执行程序具有封闭性，且制度上也并没有设置可以供当事人充分进行论辩的机制，当事人缺乏制度性的陈述意见和进行辩解的平台。更为重要的是，当事人在执行程序中提出异议、质疑的对象是法院执行部门及承办法官，也就是说，法院执行部门及承办法官"既是裁判员，又是运动员"，这就可能直接导致当事人对提出异议、质疑存有畏惧心理。此外，即便提出的异议、质疑被置之不理或者被无理拒绝，当事人也没有其他正式渠道可资救济，当事人的权利无法得到充分保护。因此，参与分配异议之诉的设置，可以为当事人提供正式的维权渠道，为当事人搭建充分进行论辩的平台，有利于当事人权利得到更有力的保障。

第二，限制法院执行部门的执行权力，推进"审执分离"改革。法院执行工作"审执分离"是改革趋势，"推进审判权和执行权相分离的体制改革试点"已经被写入《中共中央关于全面推进依法治国若干重大问题的决定》。在"审执分离"改革之前，法院执行部门同时手握执行权和裁决权，当事人的权利救济只能在执行程序中解决，直接导致了"权力—权利"的结构失衡。由于执行工作的特殊性和封闭性，法院内部的监督在执行领域难以发挥较大作用，而当事人又缺乏正式的制度平台对执行权力进行有效制约，这就很难杜绝"权力的恣意"。从媒体曝光的关于法院系统的司法腐败案件来看，有相当多的司法腐败都是发生在执行领域。因此，"审执分离"成为近些年法院系统大力推行的重要改革措施之一，其改革的目的即是要将执行权和裁决权进行分离，避免权力过度集中。在这个意义上，包括参与分配异议之诉在内的所有执行异议之诉，都可以视为"审执分离"改革的题中之义。

第三，提高执行程序的透明度，提升司法公信力。公开，既是最好的防腐剂，也是提升司法公信力的良方。长久以来，法院执行工作在社会公众中的美誉度不高，"执行难""执行乱"是社会公众提及法院执行工作的常用词汇。执行工作的效果不好是由多方面原因导致的，法律制度、社会诚信体系的完善程度甚至社会整体的道德水平等，都可能对执行工作产生制约。但是，执行程序的透明度不够、执行过程中当事人的权利保障不充分以及司法腐败，也是社会公众对法院执行工作产生负面评价的重要影响因素。在执行程序中设置包括参与分配异议之诉在内的各类执行异议之诉，在客观上能够更多地让权利制约权力、让权利对抗权力；特别是对执行过程中的争议通过当事人之间的诉讼进行解决，让有纷争的当事人进行充分论辩、进行诉讼的攻击与防御，避免让法院执行部门及承办法官成为冲突的当事者。这样一来，执行程序中实体纷争的评判结果是通过公开、透明的诉讼程序而作出的，可以在很大程度上减少当事人和社会公众对于法院执行工作"暗箱操作"等质疑，有助于法院司法公信力的提升。

2.3 民事执行参与分配异议之诉的性质界定

目前，关于参与分配异议之诉的性质，学术界存有极大争议。由于参与分配异议之诉性质的确立会对诉讼请求、判决主文、诉讼程序等诸多具体诉讼制度的设计产生极大影响，因此，厘清参与分配异议之诉的性质对后续的研究具有重要的基础性作用。

2.3.1 民事诉讼性质的一般理论

民事诉讼性质（也称诉讼类型）理论认为，民事诉讼一般分为三种类型，即给付之诉、确认之诉、形成之诉（又称变更之诉）。给付之诉是最早的诉讼类型，确认之诉和形成之诉是伴随着民事诉讼理论及制度发展才逐步出现的。给付之诉是指原告请求被告履行一定的给付义务的诉讼类型。原告针对被告的给付请求权是给付之诉存在的基础，而给付请求权的基础是原、被告双方之间存在的、具有给付内容的法律关系①。确认之诉，是指原告请求法院确认其与被告之间存在或者不存在其所主张的法律关系的诉讼类型②。学术界一般认为，确认之诉的诉讼标的（审理对象）只能是法律关系而不能是一般的事实。在类型上，确认之诉又可分为积极的确认之诉和消极的确认之诉，前者是请求确认法律关系存在，而后者是请求确认法律关系不存在。确认之诉的判决不具有给付的内容，所以不直接

---

① 邵明. 论民事之诉 [J]. 北京科技大学学报（社会科学版），2003（2）：13-19.
② 张卫平. 民事诉讼法 [M]. 北京：中国人民大学出版社，2019.

产生执行力①。形成之诉是指原告请求法院变更某一法律关系的诉讼类型②。学者们认为，原告提起形成之诉的目的在于利用法院的判决，将原、被告之间的法律状态变更为另一种法律状态。相比给付之诉和确认之诉，形成之诉的提起有着明确的法律限制，形成之诉的判决一般具有对世效力（或称绝对效力），不仅约束原、被告双方，而且还可以约束第三人③。

民事诉讼性质（类型）的三分法，基本已经成为当前德国、日本、中国台湾地区的通说，也为我国学术界所普遍采纳。但是，这种三分法也有人提出反对意见。比如，陈桂明、李仕春就曾明确指出，"形成之诉是一个缺乏实质内容并为了分类而设置的概念"，而且形成之诉与审判权的本质以及法院的任务相悖，在本质上，形成之诉就是确认之诉④。日本也有学者认为，给付之诉、确认之诉、形成之诉并不能涵盖所有的诉讼类型；有的学者提出了"命令诉讼"和"救济诉讼"等诉讼类型，有的学者认为，执行法上的诉讼，未必都可以纳入给付之诉、确认之诉、形成之诉这三种诉讼类型中⑤。这表明，传统的诉讼类型三分法并不是不可挑战的，诉讼实践的不断发展，不仅可能而且应当对传统的诉讼类型理论有所突破。

---

① 李浩. 民事诉讼法学 [M]. 北京：法律出版社，2016.

② 江伟. 民事诉讼法 [M]. 北京：高等教育出版社，2016.

③ 胡振玲. 关于形成之诉的若干问题探讨 [J]. 武汉科技学院学报，2006（10）：93-95.

④ 陈桂明，李仕春. 形成之诉独立存在吗：对诉讼类型传统理论的质疑 [J]. 法学家，2007（4）：113-121.

⑤ 高桥宏志. 民事诉讼法：制度与理论的深层分析 [M]. 林剑锋，译. 北京：法律出版社，2003.

2.3.2 民事执行参与分配异议之诉性质的论争

目前，国内外学术界关于民事诉讼参与分配异议之诉的性质，主要存在形成之诉说、确认之诉说、救济之诉说、命令之诉说这四种学说。下面，本书对这四种学说分别进行评析。

2.3.2.1 形成之诉说

对参与分配异议之诉持形成之诉说观点的学者认为，法院制作的分配方案是一种裁判行为的结果，进行分配应当以分配方案为基准，如果债权人或者被执行人请求法院不要以分配方案为基准进行分配，那么，就必须请求撤销或者变更原来的分配方案，因而本诉即为形成之诉[①]。按照此种学说，参与分配异议之诉是债权人或被执行人（原告）请求法院判决变更执行法院原先所制作的分配方案或者为制作新的分配方案而判决撤销执行法院所制作的原先分配方案的形成之诉[②]。形成之诉说认为，参与分配异议之诉的诉讼标的是诉讼法上的异议权，原告应当主张分配方案上所记载的被告债权的分配额度，与实体法和程序法应当享有的分配状态不一致，这就是其形成的原因。因而，参与分配异议之诉将只聚焦于审理这种程序上异议权的存在与否，至于先前的被执行人与被告之间的实体权利义务关系，则并不在本诉的审理范围之内。换言之，本诉只关心异议权是否成立，而不关心争执的债权是否存在。形成之诉说是大陆法系的德国、日本以及我国台湾地区的通说[③]，我国民事诉讼制度虽然

---

① 詹咏媛. 分配表异议之诉：从民诉法与执行法兼具之观点 [D]. 台北：台湾大学，2018.
② 刘颖. 分配方案异议之诉研究 [J]. 当代法学，2019（1）：40-50.
③ 刘贵祥，宋朝武. 强制执行的理论与制度创新："中国执行法论坛"优秀论文集 [M]. 北京：中国政法大学出版社，2017：57-61.

并没有全面采纳域外的相关制度及理论，但事实上，形成之诉说也已经成为我国学术界的通说①。我国学者们大多认为，在我国，分配方案还是应当被视为法院执行部门作出的一种裁判，虽然这种裁判在效力上较审判部门作出的裁判要弱，但考虑到法院以外的其他机构所作出的仲裁裁决及公证债权文书都具有确定权利义务关系并产生强制执行的效力，因而应认为法院执行部门所作出的裁判同样具有确定权利义务关系的效力；依据分配方案确定的权利义务关系无须审判部门再次确认，审判部门只能在该权利义务关系存在实体上的瑕疵时，以判决对其做出变更②。在我国的司法实践中，形成之诉说也为最高人民法院的判决所采用。比如，在执行分配方案异议之诉民事二审判决书〔（2018）最高法民终787号〕中，最高人民法院的判决主文表述为："一、撤销福建省高级人民法院（2016）闽民初42号民事判决；二、撤销福建省高级人民法院（2013）闽执行字第1号《财产分配方案通知书》；三、驳回王某的其他诉讼请求。"

然而，形成之诉说仍然有其固有缺陷，即按照该说，参与分配异议之诉无法避免就同一原因事实（诉讼事由）另行提起诉讼，并可能因之产生诉讼不经济乃至诉讼结果的矛盾。也就是说，当原告败诉时，仅能说明原告的异议权不存在（或者没有法律和事实依据），而对于被告与被执行人之间是否存在债权，则并不能形成既判力。如此一来，在制度上就无法避免当事人的重复起诉行为，也让执行程序处于一种不确定状态。比如，前述（2018）最高法民终787号二审案件中，由于最高人民法院仅仅判决撤销执行分配方案，

---

① 王玲. 民事执行程序中分配方案异议之诉研究 [J]. 法学论坛，2019（4）：136-142.
② 刘颖. 分配方案异议之诉研究 [J]. 当代法学，2019（1）：40-50.

如果福建省高级人民法院重新制作分配方案后参与分配异议之诉的当事人（无论是原告还是被告）又对新的分配方案不服的，从制度上，当事人仍然还可以对新的分配方案提出异议乃至异议之诉。如此循环往复，将严重影响执行效率，也会让当事人的权益迟迟得不到兑现。

2.3.2.2 确认之诉说

在确认之诉说之下，原告提起参与分配异议之诉的目的在于请求法院以判决形式确认应当归属于原告的分配额之存在或者确定被告之分配额不存在[①]。持确认之诉观点的学者认为，参与分配异议之诉是为了确认原告对分配方案所提出的异议是否妥当，从而请求确认其应当分配的金额，所以本诉应当为确认之诉。换言之，在参与分配程序中，债权人或者被执行人认为法院制定的分配方案存在错误，而提出了反对意见的债权人则认为该方案并无不当，双方争执不下，只能让法院以判决形式确认哪一方的观点是正确的。照此观点，法院的判决还应当明确，如果原来的分配方案有错误，应当指明是什么错误；在原告胜诉的情况下，执行法院就应当根据判决的内容，重新制作分配方案。有学者认为，参与分配异议之诉的主要目的是解决债权人之间就法院作出的分配方案所记载的分配金额错误或分配顺位错误而发生的争执；对分配方案提出异议者认为分配方案有错误，而反对该异议者则认为分配方案没有错误，究竟谁是谁非，有赖于法院以本诉判决进行确认；法院所作出的确认判决，无论谁胜谁负，均能平息双方当事人之间的纷争，也就是说，如果

---

① 陈美英. 两岸分配表异议制度之比较研究：以假债权之异议为中心 [D]. 台北：中国文化大学，2014.

原告胜诉，应当按照判决重新制作分配方案，如果原告败诉，则应根据原来的分配方案进行分配①。与形成之诉说不同的是，确认之诉说并不认为法院制作的分配方案是一种裁判，而认为债权人的分配额根本不需要分配方案的作出才得以确定，只能说分配方案所载明的分配额应该与实际应当的分配额保持一致。因此，本说认为，形成之诉说"变更分配方案"的观点并不妥当②。

在确认之诉说之下，参与分配异议之诉应当直接对债权人的分配额进行确定，执行也应当按照本诉判决所记载的各债权人的分配额进行分配，这可以彻底解决双方的纷争，避免重复异议和诉讼，提高执行程序的效率。但是，正如有的学者所言，不论是实体法上的权利义务关系还是诉讼法上的权利义务关系，都很难根据确认判决来实现排除强制执行的目的，既然参与分配异议之诉可以被视为消极确认之诉这一类型，就完全没有必要将其规定为一种独立的诉讼类型③。

2.3.2.3 救济之诉说

鉴于形成之诉说与确认之诉说都存在固有缺陷，有的学者提出了救济之诉说。该说认为，参与分配异议之诉其实同时具备形成之诉和确认之诉的特征，即在本诉中，原告既要请求法院判决确认原告的债权主张，确认法院原来制作的分配方案存在问题，又要在此基础上对原来的分配方案进行实质上的变更。因此，单纯说本诉属于确认之诉或者形成之诉都不妥当，因为本诉要与上诉程序、再审

---

①　陈荣宗. 强制执行法 [M]. 台北：三民书局，2000.
②　詹咏媛. 分配表异议之诉：从民诉法与执行法兼具之观点 [D]. 台北：台湾大学，2018.
③　王玲. 民事执行程序中分配方案异议之诉研究 [J]. 法学论坛，2019（4）：136-142.

程序一样，发挥救济作用，所以应当将其性质界定为救济之诉①。在救济之诉说之下，参与分配异议之诉是由原告请求法院审判部门判决确认自己的实体分配请求权之存在的确认之诉以及在此基础上判决变更法院执行部门所制作的原有分配方案的形成之诉所组成的复合诉讼②。此种学说认为，参与分配异议之诉应当终局性地解决当事人之间因分配方案产生的争议，其首先应当确认被争执的债权是否存在，然后再决定是否应当对原来的分配方案进行变更。

救济之诉说实际上已经在尝试突破传统理论对民事诉讼的三分法（即将诉讼分为给付之诉、确认之诉、形成之诉三种类型），其认为在执行程序中衍生出来的参与分配异议之诉兼具了形成之诉和确认之诉的特征。同时，救济之诉说能够克服形成之诉说和确认之诉说的各自缺陷，为我们重新认识参与分配异议之诉、科学建立相关制度安排提供了参考。更进一步，救济之诉说还能为界定其他由执行程序衍生出来的诉讼的性质提供借鉴，换言之，其他所有执行异议之诉均可能被视为救济之诉。

2.3.2.4　命令之诉说

就目前来看，相比前面三种学说，命令之诉说还不是一个非常流行的观点，影响力有限。命令之诉说认为，参与分配异议之诉虽然有诉讼法上的形成之诉的特质，但如果法院作出原告胜诉的判决，该判决即是命令执行机构更正或者重新制作分配方案，与执行异议之诉单纯宣告撤销执行程序的目的有所不同，因此将本诉命名为命

① 刘贵祥，宋朝武. 强制执行的理论与制度创新："中国执行法论坛"优秀论文集 [M]. 北京：中国政法大学出版社，2017：57-61.
② 刘颖. 分配方案异议之诉研究 [J]. 当代法学，2019（1）：40-50.

令之诉①。持该说的部分学者认为，参与分配异议之诉是为了强制执行的顺利推进而确定实体权利或法律关系，并将确定的结果反映到法院执行部门，在判决认为应当变更分配方案的情况下，指示或者宣告命令执行法院不得强制执行。另有持该说的学者认为，参与分配异议之诉是法院审判部门将决定具体执行关系的前提性事项既作为审理对象并以既判力进行确定，又作为审判的结果，在判决书中向执行部门指明和宣示这个具体的执行关系，从而使执行部门实现这一执行关系②。根据命令之诉说，参与分配异议之诉的诉讼标的有两个：一是执行依据所指向的实体法律关系，二是防止不当执行的请求权。按照这一学说，参与分配异议之诉虽然有诉讼法上的形成诉讼之性质，但法院所作出的原告胜诉的判决是对执行机关的指示或者命令，使得执行机关不得执行法院执行部门原来制作的执行依据③。

命令之诉说，实质上是认为参与分配异议之诉是法院审判部门以判决形式对执行部门发出指令或者命令，要求执行部门或者不执行一定的行为。这样的观点在我国是难以成立的。在我国，判决书是以法院名义而非以法官个人名义作出的，参与分配的法院与作出参与分配异议之诉的法院本就是同一个法院，法院自己命令自己执行或者不执行一定的行为，是非常荒唐的。此外，参与分配异议之诉归根到底是当事人之间的纷争，命令之诉说认为本诉判决是法院

① 王玲. 民事执行程序中分配方案异议之诉研究 [J]. 法学论坛, 2019 (4): 136-142.
② 刘颖. 分配方案异议之诉研究 [J]. 当代法学, 2019 (1): 40-50.
③ 陈美英. 两岸分配表异议制度之比较研究：以假债权之异议为中心 [D]. 台北：中国文化大学, 2014.

审判部门向执行部门发出的命令，有将法院执行部门作为被告之嫌疑，也是不甚妥当的。因此，命令之诉说没有也不会被我国学术界和实务界采纳。

2.3.3　民事执行参与分配异议之诉性质的厘定

关于参与分配异议之诉的性质，学术界目前形成的前述四种主要观点，都从各自不同的角度对该诉进行了理解，在各自的逻辑体系之下，似乎也都能自圆其说。然而，如前文所述，确认之诉说只能确认原分配方案错误，而不能通过判决直接确立新的分配方案，这容易产生效率低下的不良后果。命令之诉说将法院执行部门视为是冲突的一方甚至有将其作为被告之嫌，还出现了让法院自己审判自己的荒唐之举。即便是得到国内外大多数学者和实务界赞同的形成之诉说，也难以克服重复诉讼甚至诉讼矛盾的缺陷。本书认为，综合而言，将参与分配异议之诉界定为救济之诉，是一个更加合理的选择。具体理由简述如下：

第一，救济之诉说打破了传统的对民事诉讼性质界定的三分法，即在确认之诉、给付之诉、形成之诉之外，又提出了一种新的关于诉讼性质的理论类型。理论总是灰色的，而生命之树常青。理论的建构是为了更好地理解事物，而不是为了限制我们的想象甚至束缚我们实践的手脚。传统的诉讼法理论将民事诉讼分为三种类型，即确认之诉、形成之诉和给付之诉，这种分类主要是对一般民事诉讼的分类，但是，包括参与分配异议之诉在内的执行异议之诉，显然没有被传统的诉讼分类理论所涵盖。参与分配异议之诉显然不能简单以形成之诉或给付之诉进行确定。概言之，参与分配异议之诉其实同时具备了形成之诉和确认之诉的特征，即从制度上而言，我们既需要确认法院执行部门制作的分配方案存在问题，又需要法院审判部门制作新的分配方案。因此，以救济之诉说来界定参与分配异议之诉的性质，是建构相关具体制度的需要，也是对传统诉讼分类理论的扩展和更新。

第二，救济之诉说克服了形成之诉说和确认之诉说的固有缺陷，也不会陷入命令之诉说面临的矛盾处境。正如前文所述，命令之诉说认为本诉的判决是法院审判部门所发出的要求法院执行部门执行或者不执行一定的行为，但参与分配的法院与作出参与分配异议之诉的法院本就是同一家法院，法院自己命令自己执行或者不执行一定的行为，在实践中是比较荒谬的。确认之诉说只能确认原来的分配方案存在不当，并不能通过诉讼确立新的分配方案，这意味着法院执行部门再次制定的分配方案也可能面临新的异议和异议之诉，从而导致执行效率低下；而形成之诉说又不能防止当事人以同样的理由再次提起诉讼，并由此产生效率低下和矛盾判决问题。救济之诉说认为参与分配异议之诉同时具备确认之诉和形成之诉的双重特征，如果法院审判部门经审理认为法院执行部门制作的原有执行方案存在不当，既要撤销原有执行方案，又要直接以判决形式形成新的分配方案。因此，救济之诉说能够克服形成之诉说和确认之诉说的缺陷，是比较符合实践需要的理论学说。

第三，救济之诉说能够合理且高效地解决当事人之间因分配方案产生的纷争。按照救济之诉说，法院审判部门（在原来分配方案不当的情况下）既要撤销原来的分配方案，又要致力于形成新的分配方案，有利于一次性解决原、被告之间关于执行的矛盾和纠纷，有利于维护判决的权威性，有利于高效率推进执行程序。而确认之诉说或形成之诉说都无法一次性解决双方纠纷，让执行程序处于长时间的不确定状态，影响当事人权利的及时兑现。

2.4　我国民事执行参与分配异议之诉的价值追求

参与分配异议之诉是执行程序中衍生出来的一项诉讼制度，在其价值追求上，既应当体现出执行程序对效率的追求，也应当如一般的诉讼程序一样强调诉、辩对抗与程序公正。换言之，参与分配异议之诉应当比普通的诉讼程序更加有效率，也应当比普通的执行程序更加体现"看得见的公正"。

第一，参与分配异议之诉在程序推进上应当比一般的诉讼更加高效。执行程序是兑现当事人权利的最后一道法律程序，而进入参与分配阶段，更是意味着当事人的权利兑现已经处于"临门一脚"的最后关头。为了实现权利的自我保护，在进入参与分配程序之前，当事人大多已经付出了非常多的人力、物力、财力在维权上面，而此时面临异议以及异议之诉，当事人无疑又将承受一项新的负担、付出新的成本，被执行人以及相关主体，完全有可能为了阻止执行程序的顺利推进而故意提起诉讼或引起恶意诉讼，更是与制度设计的初衷背道而驰。为了尽可能地排除不当干扰、尽快推进执行程序，参与分配异议之诉在制度设计上应当更加关注诉讼效率。具体而言，起码应当在三个方面有所作为：一是发挥法院的审查、把关作用，防止恶意诉讼。在现行的参与分配异议以及异议之诉的制度中，法院的地位无疑过于消极，比如，债权人或被执行人提出异议，法院仅仅是将异议通知给相关当事人，至于异议的理由是否明显无根据甚至是否有理由，法院都不审查，这样的制度设计可能会放任大量恶意诉讼进入法院，无端阻碍执行。然而，参与分配异议之诉并非普通的民事诉讼，并不能以立案登记制的思维来设计本诉的具体制度，相反，法院必须要对异议以及异议之诉进行初步审查，将恶意诉讼拒之门外。二是从多方面入手，简化审理程序。为了更快结束纷争、让当事人自我保护和兑现权利的意图尽快实现，参与分配异议之诉的程序设计应当在一般诉讼程序的基础上有所简化。比如，可以推广独任制、简易程序审理，缩短整体审理期限；设计比一般诉讼更短的举证期限、答辩期限；严格恪守"不告不理"原则，对异议部分之外的事项不予审理和处置；在充分保障诉权的基础上，简化庭审规则；缩短上诉期限，加快上诉移送；推广当庭宣判，简化裁判文书。三是要加强执行程序和审判程序的衔接与配合。执行局（庭）与审判庭虽然同属于法院内设机构，但是由于业务内容的差异以及由此导致的办案人员办案思维的差异，加之各自办案任务日趋加重，这两个机构以及办案人员之间会存在沟通不畅通、不及时的问题。为了提高审判和执行的效率，同时也是为了保证质量，执行程序和审判程序衔接、配合机制的建设是十分必要的，特别是信息如何实时共享、程序如何快速转换等问题，是未来在对制度进行完善时必须重点考虑的。

第二，参与分配异议之诉归根到底是诉讼程序，必须比一般的执行程序更加注重保护当事人的程序性权利、强调程序公正，为诉、辩充分对抗提供平台。如前所述，虽然参与分配异议之诉应当比普通诉讼具备更高的效率和更简化的程序，但是在本质上，它仍然是诉讼程序，必然要符合诉讼程序的一般特征：其一，诉争的过程及结果更多地依靠当事人之间的对抗，法院在参与分配异议之诉中的地位相比普通执行程序应更加消极。如果将本诉比喻为一场球赛，法院仅仅充当的是裁判的角色，而球赛的输赢则主要取决于作为比赛双方的当事人；其二，庭审为当事人提供了同台竞技、公开对抗的平台，程序更加透明，作为公权力机关的法院受到了更加全面、更加有力的监督。建立诉讼程序以解决执行程序中衍生的纷争，就是为了更好地保护当事人的程序性权利。虽然程序更加简洁和高效，但当事人在参与分配异议之诉的整个过程中的举证、质证、充分发表辩论意见、上诉等权利，仍然应当给与充分保障。

总体而言，参与分配异议之诉首先是缘起于参与分配执行程序的，因而本书认为，在价值追求上，参与分配异议之诉应当首先追求的是效率价值，即首先要考虑如何提高诉讼的效率，为尽快推进参与分配执行程序、尽快兑现债权人合法权益提供保障，在此基础上，要维护当事人基本的程序性权利，保证原、被告的公平对抗。因此，对于参与分配异议之诉来说，追求效率价值是第一位的，在保证效率的基础上要兼顾诉讼公平。

2.5 小结

参与分配异议之诉是参与分配程序中衍生出来的诉讼类型。参与分配是在被执行人财产不足以清偿所有债权的情况下，债权人通过参与分配获得平均或公平受偿。在参与分配程序中，债权人或者被执行人可以对其他债权人提出异议；异议受到反对的，可以提起诉讼。在我国，《中华人民共和国民事诉讼法》里面并没有对参与分配异议之诉进行规定，参与分配异议之诉是由最高人民法院的司法解释所确立的，立法位阶不高且制度体系不够完善，制度的完善和理论的研究都还存在极大的空间。参与分配异议之诉在我国的发展还处于比较初级的阶段，总体来说具有如下四个方面的特点：一是立法启动的时间比较晚；二是立法的位阶比较低，主要的依据都是司法解释，诉讼法中并没有对其进行任何规定；三是立法的空白较多，制度的构建还存在非常多的盲点，无法实现诉讼程序的有序衔接和高效运转；四是部分规则不够合理，特别是法院在整个异议程序、异议之诉程序中的地位较低，这极易导致诉讼程序混乱和效率低下。

我国出台个人破产制度得到了很大范围的呼吁与响应，本书认为，个人破产制度的建立，将改变现有的以参与分配代替个人破产的局面，参与分配程序的分配原则和适用要件都将进行变更。然而，个人破产制度与参与分配制度并非替代关系，个人破产制度建立后，参与分配制度仍有其现实意义；同时，个人破产制度建立后，参与分配制度将在分配原则、适用要件等方面发生很大变化，然而，参与分配制度本身的重大变化，却并不必然导致参与分配异议以及异议之诉的巨变，特别是本书所研究的该诉的构成要素、起诉与审查、诉讼程序、裁判与后续事项处置等问题，几乎不会受到参与分配制度变化的影响，本书的理论价值并不会因为个人破产制度的建立而消解。在参与分配程序中建立参与分配异议之诉具有三个方面的制度功能：第一，更有效地保护当事人权利；第二，限制法院执行部门的执行权力，推进"审执分离"改革；第三，增强执行程序的透明度，提升司法公信力。

关于参与分配异议之诉的诉讼性质，目前有形成之诉说、确认之诉说、救济之诉说、命令之诉说等学说，其中，比较流行的是形成之诉说。在综合考虑各种学说各自的优势劣势并充分考虑我国执行实践的现状后，本书认为，将参与分配异议之诉界定为救济之诉更为恰当，因为救济之诉说打破了传统对民事诉讼性质界定的三分法，即在确认之诉、给付之诉、形成之诉之外，又提出了一种新的关于诉讼性质的理论类型；救济之诉说克服了形成之诉说和确认之诉说的固有缺陷，也不会陷入命令之诉说面临的矛盾乃至荒谬的境地；救济之诉说能够合理且高效地解决当事人之间因分配方案产生的纷争，防止执行案件久拖不决。对诉讼性质的合理界定，可以为参与分配异议之诉诸多具体制度机制的建立和完善奠定理论基础。

参与分配异议之诉有着自身独特的价值追求。由于参与分配异议之诉是由执行程序衍生出来的诉讼程序，它在程序推进上应当比一般的诉讼更加高效。具体而言，其起码应当在三个方面有所作为：一是发挥法院的审查、把关作用，防止恶意诉讼；二是从多方面入手，简化审理程序；三是要加强执行程序和审判程序的衔接与配合。同时，参与分配异议之诉归根到底是诉讼程序，必须比一般的执行程序更加注重保护当事人的程序性权利、强调程序公正，为诉、辩充分对抗提供平台：其一，诉争的过程及结果更多地依靠当事人之间的对抗，相比普通执行程序，法院在参与分配异议之诉中的地位应更低；其二，庭审为当事人提供了同台竞技、公开对抗的平台，程序更加透明，作为公权力机关的法院应受到更加全面、更加有力的监督。

3 民事执行参与分配异议之诉的构成要素

一个完整的诉（诉讼）是由当事人、诉讼标的以及案件事由（事实）三大诉讼要素构成的①。本章主要研究参与分配异议之诉的构成要素，即该诉的诉讼标的、当事人以及诉讼事由。系统研究参与分配异议之诉的诉讼标的是什么、当事人有哪些以及诉讼事由如何界定，对深刻、准确理解该诉讼制度以及科学设计相关具体制度机制，具有十分重要的意义。

3.1 民事执行参与分配异议之诉的诉讼标的

3.1.1 诉讼标的的一般理论

在民事诉讼中，诉讼标的所指涉的主要问题是，当事人的诉讼

---

① 邵明. 论民事之诉 [J]. 北京科技大学学报（社会科学版），2003（2）：13-19.

对象和法官的审理对象是什么以及诉讼的主题是什么①？在民事诉讼法理论体系中，诉讼标的理论居于核心地位，诉权理论、既判力理论、当事人理论等一系列重要理论都是围绕诉讼标的理论而展开的②。但是，关于诉讼标的，我国尚未建立起有普遍实践意义的理论，诉讼标的和既判力成为我国民诉法学术界和实务界最为突出的两个理论问题③。大陆法系关于诉讼标的，有旧实体法说、诉讼法说、新实体法说等学说。旧实体法说认为诉讼标的就是原告在诉讼中提出的实体法上的权利主张；诉讼法说中又先后出现了二分肢说和一分肢说，前者认为诉讼标的由诉的声明和事实理由组成，后者认为诉讼标的仅仅由诉的声明构成，事实理由并不是诉讼标的的构成要素；新实体法说也认为诉讼标的是实体法请求权，只是通过了法律解释统一地解决请求权规范竞合问题④。而在美国，"事件说"似乎占据了主导地位，即原告要以引发诉讼的整个事件作为诉讼标的，在诉讼中原告必须提出所有可能的诉讼请求；在中国，最高人民法院在不同的案件中，似乎又对诉讼标的问题作出了不同的解释⑤。由此可见，国内外关于诉讼标的理论的观点众多，司法实务界的认识也并不统一，可以预见的是，在未来相当长的一段时间内，有关诉讼标的理论的争论还将继续进行。

本书采行得到最多认同的观点，即认为诉讼标的就是当事人的

① 严仁群. 诉讼标的之本土路径 [J]. 法学研究，2013（3）：91-109.
② 姜群，姜远志. 民事诉讼标的理论研究 [J]. 江苏行政学院学报，2003（3）：103-109.
③ 赵秀举. 请求权竞合理论与诉讼标的理论的冲突与协调 [J]. 交大法学，2018（1）：23-32.
④ 邵明. 诉讼标的论 [J]. 法学家，2001（6）：66-70.
⑤ 严仁群. 诉讼标的之本土路径 [J]. 法学研究，2013（3）：91-109.

争议对象和法院的裁判对象。传统诉讼法学将民事诉讼划分为给付之诉、确认之诉、形成之诉三大类型。按照本书对诉讼标的的定义，给付之诉的诉讼标的是指当事人要求对方履行给付义务的权利主张；确认之诉的诉讼标的是指当事人要求法院确认实体法律关系存在（或不存在）的权利主张；形成之诉的诉讼标的是指当事人要求法院变更实体法律关系的权利主张①。

3.1.2　民事执行参与分配异议之诉诉讼标的的理论界定

对于参与分配异议之诉的诉讼标的是什么，学术界的研究相对较少。从理论上厘清诉讼标的，对参与分配异议之诉的整体性理论阐释以及具体相关制度的构建具有重要意义，因而有必要对其进行深入研究。

有的研究者认为，参与分配异议之诉的诉讼标的是执行分配方案的合法性。该种观点将执行分配方案的合法性视为参与分配异议之诉的诉讼标的，主要依据是分配方案是法院（执行局）依职权制作的，体现了法院的意志，是法院对执行分配进行判断、认定的结果。该种观点认为，执行分配方案是法院执行局根据执行依据而制定的法律文书，是法院行使执行权的结果，是法院决定而非当事人合议形成的分配方案；当事人提起参与分配异议之诉，其异议的对象只能是执行分配方案的合法性，也就是执行分配方案所确定的清偿顺序、清偿比例、清偿的具体数额等是否合法，而不涵盖当事人

---

① 程春华. 论民事诉讼中诉讼标的与诉讼请求之关系：兼论法官对诉讼请求变更及诉讼标的的释明权之行使 [J]. 法律适用，2014（5）：62-66.

之间实体权利义务关系的争议①。在司法实践中，虽然法院审理参与分配异议之诉时基本不会对本诉的诉讼标的为何进行论述，但有的裁判文书仍然能够从侧面看出审理法院对本诉诉讼标的的看法。比如，福建省高级人民法院在其审理的（2016）闽民初 42 号参与分配异议之诉案件的民事判决中就明确指出，该案"双方的争议焦点是：福建省高级人民法院（2013）闽执行字第 1 号财产分配方案是否正确"，这实际上就是变相地承认了诉讼的标的（即当事人的争议对象和法院的裁判对象）是分配方案的合法性。

然而，该观点无论是在理论上还是在实践中，都难以自圆其说。众所周知，在我国，无论是民事审判还是民事执行，相关的法律文书都是以法院名义而非以法官名义作出的。一般来说，参与分配异议之诉的审判法院，就是制作执行分配方案的法院。如果按照上述观点，在参与分配异议之诉中，法院实际上是自己审自己、自己判断和裁决自己的行为是否合法，法院既是运动员又是裁判员，这样的结论是相当荒谬的。本书认为，参与分配异议之诉虽然是从执行程序中衍生出来的，但其本质上还是一种民事诉讼。既然是民事诉讼，法院所审理的就应当是当事人之间的纷争，参与分配异议之诉的诉讼标的就不应当是法院所制作的执行分配方案的合法性。从反向进行推论，如果是当事人与法院之间就执行工作的认识产生分歧，当事人应当通过复议等程序寻求权利救济，而不是通过诉讼程序；既然法院为当事人的权利救济设置了诉讼程序，那么该诉审理的就不是当事人与法院之间的纷争。因此，上述关于参与分配异议之诉

---

① 李世成. 论执行参与分配方案异议之诉的程序构造 [J]. 法律适用, 2011 (9): 15–18.

诉讼标的的观点，是不恰当的。

本书认为，参与分配异议之诉的诉讼标的是原告的异议权。具体来说就是，在参与分配过程中，法院制作分配方案后，债权人或被执行人可以对其他债权人是否具备参与分配资格、是否应当具有相应的参与分配的顺位、分配的比例和具体数额是否正确等提出异议，这就是债权人或被执行人的异议权。债权人或被执行人向其他债权人行使异议权之后，其他债权人对该异议提出反对意见的，债权人或被执行人则可以提出反对意见的债权人为被告，提起参与分配异议之诉。因此，参与分配异议之诉的诉讼标的是债权人或被执行人的异议权，法院在本诉中所要审理和裁决的就是该异议是否成立；原告提起本诉的目的，也是在于请求法院判定其异议权是否有事实和法律上的依据。这一观点，也为我国部分学者所采纳①。

将异议权而不是执行分配方案的合法性作为参与分配异议之诉的诉讼标的，既符合诉讼标的理论的一般认识，也能够有效避免将法院作为参与分配纷争的冲突一方的尴尬局面。实际上，在执行实务中，法院执行局在主持分配时，只会也只能对申请参与分配的当事人的相关材料作形式审查，比如是否具备相应的执行依据或者是否对法院查封、扣押、冻结的财产有优先权、担保物权，在确定当事人具有参与分配资格后，再根据法律规定确定相应的分配顺位、比例以及具体的分配额度。因此，发现债权人不具备参与资格、分配顺位不对、分配比例及具体金额不合理等进而提出异议，既是债权人、被执行人的权利，也是债权人、被执行人在参与分配程序中

---

① 王玲. 民事执行程序中分配方案异议之诉研究 [J]. 法学论坛，2019 (4)：136-142.

应当主动发挥作用之处。换言之，在参与分配异议以及异议之诉中，冲突是发生在债权人、被执行人与其他债权人之间的，法院的地位是裁判者而不是冲突的当事者。只有作这样的理解，才能避免法院同时具备纷争当事者与裁判者的"双重身份"，让法院名正言顺地审理当事人之间围绕参与分配产生的纷争。

因此，在民事执行参与分配异议之诉中，当事人争议的焦点是原告的诉讼事由是否成立（对此，本章第三节将进行详述），法院的裁判任务也仅仅在于判断原告的异议权是否具有法律和事实依据；至于被执行人与作为异议对象的债权人之间的原来的实体权利义务关系（如债权是否存在、作为执行依据的裁判文书是否存在错漏），则应通过其他程序（如再审）进行解决，不属于本诉的审理和裁判范围。

3.2 民事执行参与分配异议之诉的当事人

诉讼当事人是民事诉讼的基本构成要素之一。本节主要研究的是参与分配异议之诉的当事人有哪些，具体来说就是在本诉中哪些人可以作为原告、哪些人可以作为被告以及是否可能有第三人的存在。

3.2.1 适格原告的认定

在我国，根据《民诉解释》第五百一十二条以及《执行程序解释》第二十六条之规定，债权人和被执行人均可以提起参与分配异议之诉。然而，对于债权人和被执行人究竟在哪些条件下可以提起参与分配异议之诉，即在哪些要件下债权人和被执行人才具备提起本诉的原告资格，则需进一步进行研究。

根据民事诉讼法学的基本原理，相关主体只有在具有诉的利益的情况下，才应当被允许提起民事诉讼。因此，是否具有诉的利益，是判断债权人和被执行人是否是适格原告的基本标准。任何提交司法机关要求予以审判的民事纠纷都应当具备获得本案司法裁判的必要性，这种必要性就是大陆法系民事诉讼理论中的"诉的利益"；诉的利益的判断过程在本质上是一个利益衡量的过程，主要是要在原告与全社会其他纳税人之间、原告与被告之间进行整体的利益衡量①。判断是否具有诉的利益，对保障诉权和防止当事人滥诉都有重要意义。由于诉的利益具有一定的抽象性，法院对诉的利益的判断，要从原告、国家和被告的立场进行综合考虑，根据不同类型的诉的特点乃至具体个案进行判断②。

第一，关于债权人的原告资格问题，在我国《民诉解释》第五百十二条以及《执行程序解释》第二十六条中，仅规定了债权人可以提起参与分配异议之诉。德国、日本、中国台湾地区等也规定债权人有提起参与分配异议之诉的权利。然而，是否所有的债权人均可提起本诉？虽然在参与分配异议之诉的相关规定中并未进行明确，但无论是在理论上还是在实务中，我们都应当结合诉的利益的相关理论，对债权人的原告资格问题进行更为详细的界定。正如有的学

---

① 常怡，黄娟. 司法裁判供给中的利益衡量：一种诉的利益观 [J]. 中国法学，2003 (4)：77-86.

② 刘敏. 论诉的利益之判断 [J]. 国家检察官学院学报，2012 (4)：122-128.

者所言，只有其自身实体权益因分配方案所载明的债权、分配额度的相关条款而受损的债权人，才具备本诉的原告资格；如果债权人即便在本诉中胜诉，也无法达到减少其他债权人受偿额度并进而增加自己的受偿额度的效果，则该债权人就不具备提起本诉的原告资格①。如果债权人对法院查封、扣押、冻结的财产享有优先权、担保物权且其优先受偿权已经在法院制作的分配方案中得到了保障和体现，其能够在分配中全部受偿，此时若其还对本属于后面受偿顺位的其他普通债权人的参与分配资格、受偿比例及金额等提出异议并进而提起参与分配异议之诉，则属于没有诉的利益，其起诉应被法院裁定不予受理。因而，只有当自己的实体权益受到分配方案损害且能够通过参与分配异议之诉获取救济的债权人，才是本诉的适格原告。

第二，关于被执行人的原告资格问题。在德国法制度下，被执行人并无提起参与分配异议之诉的权利；而日本法则规定，对于没有执行名义的债权人，被执行人可以提起本诉，而对于有执行名义的债权人，被执行人仅能通过债务人异议之诉来寻求权利救济而无权提起本诉②。德国法和日本法的上述规定，与其自身的制度理念、制度环境密切相关。那么，我国对于这个问题，应当进行怎样的制度设计呢？有的学者认为，我国应当学习借鉴日本法的经验，根据债权人是否具有执行依据而对被执行人的原告资格进行区别规定，即对债权人有执行依据的，被执行人不得提起本诉，而债权人无执行依据的，被执行人可以以原告身份起诉。本书认为，这一观点值

---

① 刘颖. 分配方案异议之诉研究 [J]. 当代法学, 2019 (1): 40-50.
② 刘敏. 论诉的利益之判断 [J]. 国家检察官学院学报, 2012 (4): 122-128.

得商榷。实际上，无论债权人是否具有执行依据，都应当赋予被执行人的起诉资格。具体原因如下：其一，对于债权人无执行依据的，即《民诉解释》第五百一十二条所述的债权人"对人民法院查封、扣押、冻结的财产有优先权、担保物权"而申请直接参与分配的，被执行人当然有权提起参与分配异议之诉以寻求权利救济。在这种情况下，债权人的债权请求权并没有经过生效法律文书进行确定，自然应当允许被执行人通过提出参与分配异议乃至异议之诉来请求法院对债权人的请求权进行判定。其二，对于有执行依据的债权人，被执行人依然应当可以通过参与分配异议之诉来维护自身权益。我国并没有像日本一样建立债务人异议之诉，目前，如果被执行人对已经取得执行依据的债权人的分配额度有不同意见的，只能通过《中华人民共和国民事诉讼法》第二百二十五条①规定的执行行为异议寻求救济。本书认为，为了更好地保护被执行人的权益，在债权人已经取得了执行依据的情况下，被执行人对分配额度有异议的，应当允许被执行人进行选择，即既可以选择提起执行行为异议，也可以选择提起参与分配异议之诉，但两者只能选其一。也就是说，在债权人取得执行依据的情况下，只要被执行人并没有提起过执行行为异议，就应当赋予被执行人参与分配异议之诉的原告资格。

3.2.2 适格被告身份范围的厘定

被告是参与分配异议之诉的重要当事人，确定哪些人才能作为

---

① 《中华人民共和国民事诉讼法》第二百二十五条，当事人、利害关系人认为执行行为违反法律规定的，可以向负责执行的人民法院提出书面异议。当事人、利害关系人提出书面异议的，人民法院应当自收到书面异议之日起十五日内审查，理由成立的，裁定撤销或者改正；理由不成立的，裁定驳回。当事人、利害关系人对裁定不服的，可以自裁定送达之日起十日内向上一级人民法院申请复议。

本诉的被告（即原告只能起诉哪些人），应当是本诉研究的重要内容。根据《民诉解释》第五百一十二条以及《执行程序解释》第二十六条之规定，异议人可以在收到反对意见之日起的十五日内，以提出反对意见的债权人或者被执行人为被告，向法院提起参与分配异议之诉。也就是说，债权人和被执行人都可能以被告身份参与本诉。这样的规定是否合理，值得商榷。下面，本书将分别对被执行人和债权人是否适宜以被告身份参与本诉，进行进一步阐释。

第一，关于被执行人是否适宜以被告身份参与本诉的问题。对于此问题，德国《民事诉讼法》第八百七十六条、第八百七十八条规定，异议人仅能对相关债权人提起诉讼，而被执行人不是适格被告。日本《民事执行法》第八十九条、第九十条也被视为持相同立法立场[1]。那么，德国、日本关于这个问题的规定是否适当？是否应当为我国所借鉴呢？根据参与分配异议之诉的制度原理，原告是以对异议提出反对意见者为被告提起本诉的，而原告在异议程序中是以其他债权人为对象提出异议的。也就是说，在异议乃至异议之诉中，原告所不同意的是其他债权人的参与分配资格、分配顺位、比例或者具体额度，其目的在于希望取消其他债权人的参与分配资格或者减少其分配金额。可以看出，原告的这些努力，其实并不会减损被执行人的利益，在胜诉的情况下还可能减轻被执行人的债务负担，为被执行人带来收益。因此，在正常情形下，被执行人不可能对原告的异议提出反对意见，如果被执行人对原告的异议提出了反对意见，只能表明被执行人与作为异议对象的其他债权人存在共同

---

① 刘颖. 分配方案异议之诉研究［J］. 当代法学, 2019（1）: 40-50.

的利益诉求，而这一反常现象就意味着被执行人与其他债权人实际上是在相互串通、阻挠执行，恶意损害原告与相关债权人的合法权益。由此可见，如果允许被执行人作被告，不仅无法保护当事人的正当权益，而且会留下制度漏洞，阻挠执行工作的顺利推进，损害相关债权人的合法权益。我们应当借鉴德国、日本的做法，不允许被执行人对异议人的异议提出反对意见，杜绝被执行人以被告身份参与民事执行参与分配异议之诉。

第二，关于债权人是否适宜以被告身份参与本诉的问题。对于这个问题，现行司法解释给与了肯定性规定，即从字面意思看，债权人是可以以被告身份参与民事执行参与分配异议之诉的。但是，本书认为，对于债权人的被告资格问题，还是应当作进一步的限缩解释，而限缩的根本途径在于确定可以对异议提出反对意见的债权人的范围。兹作举例说明：假设甲、乙、丙三人均是参与分配的债权人，甲对乙的参与分配资格提出异议，对丙则未提出任何异议。在此情况下，如果乙对甲的异议提出反对意见，则甲自然可以以乙为被告，向法院提起参与分配异议之诉。但是，如果乙并没有对甲的异议提出反对意见，而丙却对甲的异议提出明确反对意见，那么，丙提出反对意见的行为是否恰当？本书认为，甲对乙的参与分配资格提出异议，实际上并不会对丙的利益造成负面影响，丙对甲的异议提出反对意见，是缺乏正当依据的。因此，债权人提出反对意见的前提应当是其他债权人或者被执行人对其参与分配的资格、顺位、比例或者具体额度等提出了异议。也就是说，异议和反对应当是发生在同样的两个主体之间，只是方向恰恰相反而已，直白地讲，就是"人家没有向你提出异议，你就无法向人家提出反对意见"。进一步讲，没有提出反对意见的资格，就没有成为被告的资格。

上面的论述表明，目前司法解释关于被告适格问题的规定存在明显的不合理之处。本书的结论是，被执行人不应以被告身份参与本诉，而债权人也不是都适宜以被告身份参与本诉；只有提出异议的人的异议所针对的且对异议提出明确反对意见的债权人，才是本诉的适格被告。同时，为了推动执行程序的顺利运作、减少恶意诉讼，法院对本诉应当采取立案审查制（区别于普通民事诉讼的立案登记制），对包括被告资格在内的事项进行详细审查；对被告不适格的起诉，应当裁定不予受理，已经受理的，应当裁定驳回起诉。

3.2.3 是否可能存在第三人的理论解析

在参与分配异议之诉中，是否可能存在第三人，也是一个较大争议的问题。民事诉讼中的第三人，主要包括两类，即有独立请求权的第三人和无独立请求权的第三人。所谓有独立请求权的第三人，是指为保护自身利益而参加诉讼，向诉讼当事人提出独立的权利主张并以此对抗当事人权利主张的人①。而无独立请求权的第三人则是指对他人之间的诉讼标的没有独立的请求权，但案件之处理结果与其有法律上的利害关系，因而要求参加诉讼并寻求权利保护的人②。那么，在参与分配异议之诉中，是否可能存在第三人，如存在，那是有独立请求权的第三人还是无独立请求权的第三人或者两者皆有可能？

---

① 张培. 重新诠释有独立请求权第三人 [J]. 海南大学学报（人文社会科学版），2011 (1)：55-59.

② 肖建华. 论我国无独立请求权第三人制度的重构 [J]. 政法论坛，2000 (1)：110-120.

目前，关于参与分配异议之诉中是否可能存在第三人这一问题，学术界的研究还不多。刘颖认为，参与分配异议之诉中，原告以外的债权人和被执行人都有可能成为第三人，且都应当是无独立请求权的第三人，其理由如下：其一，由于被告债权人的分配额度变动会引起其他债权人分配额度的变动，因而原告以外的债权人与本诉的处理结果有法律上的利害关系，因而可作为无独立请求权的第三人参加诉讼；其二，如果原告胜诉导致原告债权人的分配额度增加并造成被执行人的部分债务消灭，则被执行人也可以作为无独立请求权的第三人参加本诉①。对此，实务界人士也有持此观点者，即认为分配方案所载明的受偿额度是固定的，各债权人分配的比例和数额是此消彼长的关系，故本诉的诉讼结果对于债权人和被执行人可能存在某种利害关系，但由于其均无独立请求权，因此可以让债权人和被执行人以无独立请求权的第三人的身份辅助一方进行诉讼②。在司法实践中，各级各地人民法院一般都允许第三人参与诉讼，即便是最高人民法院，在裁判文书中也没有对第三人参与诉讼的情况提出不同意见。比如，在最高人民法院（2018）民申 3313 号一案的再审审查与审判监督民事裁定书中，明确载明了有原审第三人（阜阳市宇虹人造板有限公司、王某），换言之，在安徽省高级人民法院（2017）皖民终 547 号二审案件以及亳州中院一审案件中，均有第三人参与诉讼，且最高人民法院在再审审查与审判监督民事裁定书中也并未对此进行否定性评价。这一情况在最高人民法院审理的

---

① 刘颖. 分配方案异议之诉研究 [J]. 当代法学，2019（1）：40-50.
② 楼常青，楼晋. 民诉执行程序中分配方案异议之诉的运作 [J]. 上海政法学院学报（法治论丛），2012（1）：123-130.

（2014）民申字第 1256 号、（2014）民申字第 1306 号再审审查等案件中，都有所体现。

本书认为，上述观点存在偏差，参与分配异议之诉中不应存在第三人，即无论是债权人还是被执行人，只要不是本诉的原告或者被告，都不宜允许其以第三人身份参加本诉。其理由如下：

第一，允许其他债权人或被执行人以第三人身份参加本诉，并不能对查明案件事实起到任何实质性作用。正如前文所述，参与分配异议之诉的诉讼标的是原告的异议权，因此，本诉审理的目的是判定原告的异议权是否有事实和法律依据。在本章第三节，本书将论述，本诉的诉讼事由一般是参与分配主体资格、分配顺序、分配比例及具体金额，即原告是从这几个方面对被告行使异议权。其他债权人或被执行人以第三人身份参加本诉，会对这些方面的事实查明有正向促进作用吗？答案是否定的。一方面，其他债权人对于这些情况一般并不知情，正常情况下并不能提供有价值的证据或者线索，帮助法院查明案件事实（当然，如果其能够提供相关证据且认为按照分配方案会损害自己的权益，其会自行对分配方案提起异议乃至异议之诉）；另一方面，关于异议事由涉及的事项，一般都会有明确的法律规范或者生效裁判文书作为裁判的根据，虽然被执行人或许对相关情况是知情的，但其观点一般对于案件审理也并不能起到决定性作用，甚至无法产生任何影响（例如，对于债权人的债权是否应当优先受偿，并不以被执行人的意志为转移）。在司法实务中，第三人的存在对案件事实查明也确实没有起到任何作用，本书还是以前述的最高人民法院（2018）民申 3313 号再审案件为例，最高人民法院在裁定书中始终没有对第三人阜阳市宇虹人造板有限公司、王某的相关情况予以关注。

第二，允许其他债权人或被执行人以第三人身份参加本诉，会直接降低诉讼效率。如果其他债权人或被执行人以第三人身份参加本诉，其诉讼地位只可能是无独立请求权第三人。尽管学术界早就有不少学者指出，无独立请求权的第三人参加诉讼只应是第三人申请参加或者被告通知参加，法院通知无独立请求权的第三人参加诉讼是不合适的，应当予以取消①。但是在司法实践中，无独立请求权的第三人参加诉讼，大多都是法院依职权通知的。在民事诉讼中，只要可能跟案件审理有关系，一审法院都倾向于尽可能多地通知相关主体以第三人身份参加诉讼，因为"应当参加诉讼的当事人没有参加诉讼"是二审法院将案件发回重审的法定理由之一，为了最大限度规避发回重审的风险，一审法院会"能追加就尽量追加"第三人参加诉讼。因此，如果制度上允许其他债权人或被执行人以第三人身份参加本诉，那么，对于一审法院来说，最优的行动策略就是将这些主体都追加为无独立请求权的第三人，通知其参加诉讼。但是，参与分配的执行案件的债权人往往会比较多，债务人"玩失踪"的情况也屡见不鲜，在这样的情况下，不要说开庭审理，仅仅是送达就会耗费法院大量的人力物力，甚至可能会因不能常规送达而导致公告送达。如此一来，案件的审理过程将变得非常漫长，乃至给相关主体特别是被执行人拖延执行创造条件，严重损害执行效率。

第三，其他债权人或被执行人如果认为自身的利益会受到影响，其完全可以自行提出参与分配的异议乃至异议之诉来寻求权利救济。

---

① 章武生. 我国无独立请求权第三人制度的改革与完善 [J]. 法学研究, 2006 (3): 53-62.

"应允许其他债权人或被执行人以无独立请求权第三人身份参加诉讼"这一观点，考虑的主要着眼点是这些主体可能与参与分配执行异议之诉的审理结果有法律上的利害关系。本书认为，本诉与一般的民事诉讼有着较大区别，其他债权人或被执行人的救济渠道是畅通的，他们如果认为被告（异议对象）不具备参与分配的资格、不应处于相应的分配顺位，或者分配的比例、金额不对，完全可以自行向被告提出异议乃至提起本诉。基于相同的被告和相同的异议事由，法院完全可以将多个案件进行合并审理，这样就不会产生增加当事人诉累或者增加法院工作负担的问题。

第四，允许其他债权人或被执行人以第三人身份参加本诉，在理论上也无法自圆其说。按照无独立请求权的第三人的相关理论解释，从类型上讲，无独立请求权第三人要么是被告型第三人（要承担民事责任），要么是辅助型第三人（辅助一方当事人，本身不用承担民事责任）①。如果将其他债权人或被执行人定位为被告型第三人，显然与事实不符。原告提出异议和提起异议之诉，其所怀疑的是被告是否具备参与分配资格、分配顺位是否恰当、分配比例或金额是否合理，跟其他债权人和被执行人并无关系，其他债权人和被执行人也不可能在本诉中承担任何民事责任。如果将其他债权人或被执行人定位为辅助型第三人，也并无必要。在诉讼进行过程中，如果原告或被告发现其他债权人或者债务人对查明案件事实能够发挥作用（主要是对自己有利的作用），完全可以请求其他债权人或者债务人以证人身份参与诉讼，或者请求其他债权人或者债务人以提供线

---

① 胡震远. 辅助型无独立请求权第三人制度的完善 [J]. 东方法学, 2013 (3): 50-59.

索、帮助收集证据等方式为其诉讼活动提供帮助。这样的操作，既可以避免理论上的混乱，也可以更好地发挥其他债权人或被执行人的积极作用，有利于诉讼程序和执行程序的顺利推进。

对参与分配异议之诉的适格当事人的界定，是一个非常重要的司法实践问题。由于我国当前的参与分配异议之诉制度对当事人的规定不够完善，在司法实践中，有的法院对参与诉讼的当事人几乎不作限制，导致诉讼效率低下。比如，在北京高级人民法院二审审理的（2018）京民终 400 号以及相应的北京市第一中级人民法院一审审理的（2017）京 01 民初 201 号案件中，一审、二审法院对当事人的身份未作必要的限制。具体来说，其中存在两个方面的问题：第一，不当地将被执行人列为案件被告。在参与分配程序中，原告佳州公司、耿立新因认为被告南华公司不应对被执行人华夏公司的财产享有优先受偿权而对南华公司提出异议，南华公司对异议提出反对意见，两原告对南华公司提起参与分配异议之诉自然没有问题，但是，作为被执行人的华夏公司居然也被列入本案被告，就相当令人费解了。另外，从该案一审判决结果中可以看到，华夏公司根本没有出庭应诉。第二，不当地将其他两个被执行人列为第三人。在参与分配执行案件中，虹云公司、高保盛也是被执行人。由于原告佳州公司、耿立新所异议的是被告南华公司对被执行人华夏公司的财产不应享有优先受偿权，因此本案与另外两个被执行人虹云公司、高保盛其实没有任何关系，将这两个被执行人作为第三人是没有必要的。在诉讼中，作为第三人的虹云公司、高保盛并没有提交任何证据，仅仅是作了不痛不痒的简单答辩，并没有对案件审理起到实质性作用。我们可以看到，一审、二审法院没有对参与诉讼的当事人进行限制，直接导致了案件审理效率的低下。该案一审案件立案日期是 2017 年 4 月 13 日，判决日期是 2018 年 3 月 27 日，审理期限早就超过了普通程序的 180 天；二审案件立案日期是 2018 年 6 月 7 日，判决日期是 2018 年 11 月 22 日。一件并不复杂的案件，一审、二审审理期限超过了一年半，而案件审理效率低下的重要原因之一或许就是不当地将不适格的当事人列为案件当事人。由于不当地将不应列入的当事人列入了案件审理程序，一审、二审法院在法律文书送达、开庭审理等环节将无端浪费诸多的人力物力财力——当然，如果这些不应参与诉讼的当事人（特别是被执行人）故意采取"拖延战术"、拒不受领法律文书也不参与庭审，法院就只能通过公告程序送达相关法律文书，那么，案件终审的时间则完全可能再往后延长一年甚至两年。这个案例深刻地表明，严格限定当事人参与诉讼的资格，对保证和提高参与分配异议之诉的效率以及参与分配程序的效率有着非常积极的作用。

3.3 民事执行参与分配异议之诉的诉讼事由

3.3.1 立法的缺失及其隐患

关于诉讼事由（即原告可以以哪些理由提起诉讼），现有司法解释并没有进行规范。其实不仅是诉讼事由，债权人或被执行人在参与分配程序中可以对相关债权人提出的异议事由，司法解释同样没有进行规范。这样的制度安排，可能造成两个隐患：

第一，参与分配异议之诉不同于一般的民事诉讼，如果不对诉讼事由进行规范，可能导致实践中的混乱，特别是会给被执行人或债权人随意提起异议以及异议之诉、随意阻碍参与分配的执行程序提供机会。例如，被执行人或债权人提出，作为执行标的的房屋具备较大升值空间、当前不宜进行拍卖，这样的异议事由和诉讼事由，显然是没有正当化基础的。由于在制度上并没有对异议事由和诉讼事由进行规范，法院没有理由将这样的异议事由、诉讼事由排除在异议程序和诉讼程序之外，因此从客观上来讲，滥诉难以被有效制止。

第二，由于没有制度规范，在实践中，法院既可能放任一些本不应进入诉讼程序的案件进入诉讼程序，也可能在操作上走入另外一个极端，即进行封堵、避免当事人走参与分配异议以及异议之诉的维权渠道。例如，将债权人或者被执行人的异议一律视为执行行为异议，让债权人或者被执行人通过异议、复议程序寻求权利救济，甚至通过强制性"做工作""和稀泥"等方式逼迫债权人或者被执行人"知难而退"，让当事人的权利救济陷入困境。

3.3.2 诉讼事由法定化的制度意义

鉴于立法上没有对诉讼事由进行规范并可能导致巨大隐患，我们应当将诉讼事由法定化，即对诉讼事由（包括异议程序中的异议事由）进行统一规定。在司法实践中，法院也应当对原告的诉讼事由进行审查，审查原告对被告所提出的异议内容是否属于法院应当受理的范围，对于不在法定诉讼事由范围内的起诉，法院应当裁定不予受理。诉讼事由法定化有以下三个方面的意义：

其一，促进当事人形成稳定预期，减少诉讼纠纷。法律和司法的重要功能之一就是通过对社会交往、纠纷解决规则的制定和执行，向社会公众宣示行为规则、表明行为的法律后果，以促进社会公众形成稳定预期。诉讼事由法定化可以让债权人和被执行人明确知晓可以从哪些方面对某个（某些）债权人提出异议以及异议之诉，使其对法定诉讼事由之外的其他纠纷采取另外的渠道进行救济，以其他方式解决纠纷。有了明确的、关于诉讼事由的法律规则，当事人即会主动将自己的不满与法律规则进行比对，以预判自己的诉求是否会得到法律（司法）的支持。当事人如果觉得自己的诉求不符合法律规范，甚至根本不会得到法院的受理，就不会提起诉讼。

其二，为法院的立案审查提供诉讼事由方面的依据，防止滥诉。对法院而言，无论是为了公益的遏制滥诉，还是为了减轻自己的工作压力（特别是在诉讼案件急速增长的背景下），其都有动力尽量减少进入法院的纠纷。但如果没有明确的规则，法院对滥诉行为的制止也会显得力不从心。就参与分配异议之诉而言，由于法律或司法解释并没有对诉讼事由进行明确规范，法院即便想制止明显不当的起诉进入诉讼程序，也找不到明确的法律依据。如果对诉讼事由进行法定化，法院对诉讼事由并不符合法律规定的起诉，就可以在起诉审查阶段进行筛除，有效制止当事人的滥诉。

其三，为当事人维权提供指引，防止法院不履职，畅通维权渠道。如果法律、司法解释对提起参与分配异议之诉的诉讼事由进行明确，在客观上就为债权人或被执行人通过参与分配异议以及异议之诉维护自身权益提供了法律依据。对于符合法律规定的诉讼事由，法院就难以以各种方式搪塞、阻碍当事人的起诉，这对正常提起诉讼的当事人而言，自然是一个利好。退一步而言，即便法院裁定不予受理当事人的起诉，当事人也还可以针对不予受理的裁定提起上诉，以维护自己的起诉权利。

3.3.3 法定化诉讼事由的具体类型

本书认为，从参与分配异议之诉的制度功能出发，应当将诉讼事由界定为四个，即原告可以对被告的参与分配的主体资格、分配顺位、分配比例、分配金额提出异议并请求法院以判决形式进行裁决。

3.3.3.1 参与分配的主体资格

参与分配异议之诉中，原告可以对被告是否具备参与分配的主体资格提出异议。对于谁能够参与分配，《民诉解释》第五百零八条进行了规定。根据该条规定，有资格参与分配的有两类主体：一是取得了执行依据的债权人，二是对法院查封、扣押、冻结的财产有优先权、担保物权的债权人。该条规定意味着，如果没有取得执行依据，也没有对法院查封、扣押、冻结的财产享有优先权、担保物权，则不是参与分配的适格主体。下面分别对这两类主体进行分析解读。

第一，关于取得了执行依据的债权人。所谓执行依据，即是债权人据以申请参与分配的生效法律文书，主要包括判决书、裁定书、法院作出的或者经司法确定的调解书、仲裁裁决、具有强制执行效力的公证债权文书等。对于有执行依据的债权人，原告可以提起的关于其不具备参与分配资格的异议主要包括两个方面：一方面，执行依据是相关债权人（即本诉被告）与被执行人相互串通、通过虚构事实的方式取得的。在司法实践中，被执行人为了逃避债务，与相关主体串通、虚构事实、骗取执行依据的情况并不鲜见。如果债权人发现有这一情况，自然可以对取得该执行依据的其他债权人提起异议以及异议之诉。值得注意的是，参与分配异议之诉并不能直接对该执行依据进行审理，原告应当通过第三人撤销之诉来达到撤销原判决书、调解书、仲裁裁决书的目的。至于第三人撤销之诉与参与分配异议之诉这两个诉讼程序如何衔接，后文将进行专门论述，此处不再详述。另一方面，被告手中有执行依据，也并不意味着其一定具备参与分配资格。如果被执行人已经按照执行依据履行了债务，那么，被告显然就已经失去了参与分配的资格，如果被告再次参与分配，就侵害了被执行人和其他债权人的合法权益，此时，被执行人和其他债权人就可以对被告申请参与分配的行为提出异议、提起异议之诉。

第二，关于对法院查封、扣押、冻结的财产有优先权、担保物权的债权人。根据《民诉解释》第五百零八条的规定，这类债权人不必取得执行依据，也可以直接申请参与分配。对于担保物权，原告可以提起的异议主要包括两个方面：一是担保本身是虚假的。例如，担保是被执行人与担保权人进行串通而虚假设立的，担保的设立是被执行人为了逃避债务而采取的不法行动。二是担保本身虽然是以真实的债权债务关系作为基础的，但是应当登记的担保物权没有进行登记。此时，原告可以"担保未经登记不得对抗第三人"的理由来对被告的参与分配资格提出异议。也就是说，对于司法解释规定的有担保物权的债权人可以直接申请参与分配的规定，应当进行限缩性解释，即此处的担保物权必须是经过法定登记机关登记了的，未经登记的担保物权不得作为债权人申请参与分配的依据。对于优先权，我国关于优先权的规定比较分散，比较典型的优先权有建设工程优先受偿权和船舶优先权、航空器优先权等。一般来说，优先权都有比较明确的法律规定，在司法实践中，应当严格按照规定，对当事人的优先权进行界定。原告可以以被告的优先权不存在为由，向被告提出异议并请求法院进行裁判。

3.3.3.2 参与分配的顺位

在参与分配异议之诉中，原告可以对被告参与分配的顺位提出异议。对被告参与分配顺位的异议，主要是指原告对被告的参与分配资格不提出异议，但不认可被告对被执行人的财产具有优先受偿权。《民诉解释》第五百一十条规定，参与分配执行中，执行所得价款扣除执行费用，并清偿应当优先受偿的债权后，对于普通债权，原则上按照其占全部申请参与分配债权数额的比例受偿。因此，认定哪些债权人具有优先权，对于确定债权人参与分配的顺位具有基础性作用。我们必须认识到，参与分配并不是企业破产分配，不能比照企业破产的相关规定对债权的分配顺位进行确定，换言之，在企业破产中优先受偿的税款、员工工资等，在参与分配中并不能当然地作为优先分配的选项。同时，我国现在还没有建立个人破产制度，因此对于优先权的确定，只能严格按照相关法律法规、司法解释的规定进行。

具体来说，在参与分配中，优先受偿权包括如下情形：第一，担保物权。担保物权包括抵押权、质权、留置权。关于抵押权，房屋、车辆等需要登记才能对抗第三人，如果没有进行登记，在参与分配程序中，债权人不能享有优先受偿权。第二，船舶优先权和航空器优先权。第三，建设工程优先权。在这几类优先权中，需要注意的有以下三个方面的问题：其一，如果同时存在抵押权、质权、留置权（如对车辆），优先受偿的顺序依次是留置权、抵押权（登记的）、质权；其二，如果参与分配的被执行财产是船舶且同时有船舶优先权、留置权和抵押权，优先受偿的顺序依次是船舶优先权、船舶留置权、船舶抵押权；其三，如果参与分配的被执行财产是在建建设工程且同时存在抵押权和建设工程优先权，那么，建设工程优先权应当优先于抵押权而受偿。

如果被执行人是"其他组织"的，其所欠职工的工资和劳动保险费用应当优先受偿，且应当优先于前面所述的三种优先权。在企业破产领域，职工工资和劳动保险费用是除了破产费用之外第一优先受偿的。这样的立法模式，主要是为了优先保护作为弱势群体的职工的合法权益。虽然参与分配不是企业破产，企业破产的很多规定不能完全适用于参与分配程序，但我国是社会主义国家，优先、重点保护职工合法权益应当是我国立法应当采取的重要立场。在参与分配程序中，让职工工资和劳动保险处于执行费用外的第一受偿地位，有利于优先保护职工合法权益，维护社会稳定，充分体现我国社会主义的制度优势。

关于在参与分配中税收是否具有优先受偿权，学术界存在很大争议。有观点认为，被执行人所欠税款也应当有优先受偿权，在执行费用和职工工资、劳动保险之后且在担保物权之前受偿[1]。另有观点也认为，税款应当在执行费用、劳动债权、法定优先权（即船舶

① 王娣. 强制执行竞合研究 [M]. 北京：中国人民公安大学出版社，2009.

优先权、航空器优先权以及建设工程优先权、划拨土地出让金）之后，在担保债权之前优先得到清偿①。上述观点肯定了税收优先受偿的地位，只是对具体的分配顺位有不同认识。也有学者对此持不同观点，他们认为，税收属于公法债权而不是民事债权，在参与分配程序中不宜享有优先权②。对此，本书认为，税收应当在参与分配程序中享有优先权。其理由如下：第一，税收优先权具有法定依据，《中华人民共和国税收征管法》第四十五条规定，税收优先于无担保债权，税款产生于担保物权的，税收还优先于担保物权受偿；第二，从域外看，世界上一些发达国家如美国、澳大利亚、德国，都确立了税收优先制度；第三，在企业破产程序中，税收优先权也得到了立法的确定，给参与分配顺位的确立提供了参考。

因此，在参与分配程序中，一般的分配顺序是：①执行费用（含财产保全、评估、拍卖等费用）；②劳动债权；③法定优先权（即船舶优先权、航空器优先权以及建设工程优先权、划拨土地出让金）；④税收；⑤担保债权；⑥普通债权。如果被执行人财产不足以清偿上述所有债权的，在同一顺位中的债权应当按比例受偿。在参与分配程序中，若债权人对其他债权人的分配顺位有不同意见的，可以提起异议以及异议之诉。值得注意的是，一般来讲，参与分配的顺位，与被执行人并没有直接的利害关系，被执行人不得就债权人的参与分配顺位提出异议、提起异议之诉。

3.3.3.3　参与分配的比例以及具体金额

在参与分配程序中，最终究竟能够分到多少钱，是债权人最为

---

① 丁亮华.参与分配：解析与检讨［J］.法学家，2015（5）：105-119，178-179.
② 张永泉.民事执行程序中"参与分配"的理论与制度构建［J］.苏州大学学报（法学版），2017（4）：117-130.

关注的终极问题，而其他债权人分配的具体比例和金额可能会对债权人的受偿额度产生直接影响，因此，对其他债权人参与分配的比例和具体金额提出异议并进而提起异议之诉，是债权人维护自身权益的重要途径。对于被执行人来讲，如果债权人分到的金额高于其应当支付的金额，将可能导致其合法权益受损，因而被执行人也有可能通过对债权人分配金额提出异议、异议之诉来维护自身权益。对于参与分配的比例，原则上属于同一分配顺位的债权人，应当按照该顺位的债权总额确定每一名债权人应当受偿的分配比例。对于每一名债权人来说，其债权的数额除以该顺位的债权总额，即是其可以受偿的债权比例。对于具体的受偿金额，则是处于同一受偿顺位的总债权乘以受偿比例，即是每一名债权人应当受偿的具体金额。如果法院制作的分配方案在处理各债权人应当受偿的比例和具体金额方面有误的，相关债权人和债务人可以提出异议、提起异议之诉。

本书认为，应当在制度上对债权人或被执行人可以对其他债权人提出异议和异议之诉的分配方案的具体内容进行确定，即实现诉讼异议事由的法定化。根据前文的分析，债权人可以就其他债权人的参与分配主体资格、参与分配的顺位、参与分配的比例和具体金额提出异议和异议之诉；被执行人可以就债权人参与分配的主体资格以及具体的分配比例和金额提出异议和异议之诉。除此之外，债权人或被执行人不能以其他事由提起参与分配异议和参与分配异议之诉。

3.4 小结

本章研究了参与分配异议之诉的构成要素，即诉讼标的、诉讼当事人以及诉讼事由。厘清诉讼构成要素的相关问题，有利于界定本诉的相关理论问题和实践问题，并为相关制度的构建奠定理论基础。

本书认为，参与分配异议之诉的诉讼标的是债权人或被执行人的异议权，法院在本诉中所要审理和裁决的就是该异议是否成立；原告提起本诉的目的，也是在于请求法院判定其异议权是否有事实和法律上的依据。在本诉中，当事人的争议焦点是原告的诉讼事由是否成立，法院的裁判任务也仅仅在于判断原告的异议权是否具有法律和事实依据；至于被执行人与作为异议对象的债权人之间的原来的实体权利义务关系，则应通过其他程序（如再审）进行解决。

确定本诉的诉讼当事人是一个十分重要且争议比较大的问题。首先，本诉的原告。虽然债权人可以作为本诉的原告，但只有当自己的实体权益受到分配方案损害且能够通过参与分配异议之诉获取救济的债权人，才是本诉的适格原告。而对于被执行人，无论参与分配的债权人是否具有执行依据，都应当允许被执行人作为原告提起本诉。其次，关于本诉的被告。本书明确提出，被执行人不能就债权人提起的参与分配异议提出反对意见，也就不能作为本诉的被告参与诉讼。而只有异议人的异议所针对的、且对异议提出明确反对意见的债权人，才是本诉的适格被告，这是对本诉适格被告范围的一种合理限缩。最后，本书明确指出，在本诉中，不应存在第三人，也就是说，无论是债权人还是被执行人，都不能以第三人身份参加本诉。更明确地说，本诉只能有原告和被告，不能有第三人存在。

在本章的最后，本书提出，应当将参与分配异议之诉的诉讼事由法定化，即在本诉中，债权人只可以就其他债权人的参与分配主体资格、参与分配的顺位、参与分配的比例和具体金额提出异议；被执行人可以就债权人参与分配的主体资格以及具体的分配比例和金额提出异议。至于有其他方面的不同意见，债权人或被执行人只能通过程序性异议、复议等程序寻求权利救济，不能提出参与分配异议和参与分配异议之诉。诉讼事由的法定化，可以促进当事人形成稳定预期，减少诉讼纠纷；为法院的立案审查提供诉讼事由方面的依据，防止滥诉；为当事人维权提供指引，防止法院不履职，畅通维权渠道。因此，我们必须打破当前诉讼事由规范性不足的困局，将诉讼事由法定化提上议事日程。

4 民事执行参与分配异议之诉的起诉与审查

原告的起诉是诉讼程序的发起阶段。为了保证诉讼程序的顺利推进，有必要对原告起诉的前提要件以及诉讼请求的具体表达方式进行规定。同时，参与分配异议之诉衍生于参与分配程序，与普通民事诉讼存在很大区别，尤其需要强调诉讼的效率以防止当事人滥诉，高效推进执行程序。因此，要求法院对当事人的起诉进行必要审查并制定合理的案件受理费收取标准，也是非常必要的。

4.1 起诉的前提要件

参与分配异议之诉有异议前置程序，诉讼的提起必须满足相应的前提要件。从目前的制度规定来看，前提要件的设置还存在不少问题，对起诉前提要件进行进一步规范，势在必行。

4.1.1 起诉前提要件的制度规定

根据《民诉解释》的规定，我国参与分配异议之诉的提起，必须有以下四个要件：

第一，参与分配程序的开启。参与分配程序的启动是参与分配异议以及异议之诉的前提条件。《民诉解释》第五百零八条、第五百零九条和第五百一十条是我国参与分配制度的基本依据。根据这三条司法解释的规定，参与分配程序的启动主要有以下六个方面的要求：一是参与分配的被执行人只能是自然人或者其他组织，法人作为被执行人不能适用参与分配程序。二是被执行人的财产无法清偿所有债务。如果被执行人的财产足以清偿所有债务，则只需对被执行人的财产直接或者变价进行清偿即可，无须发起参与分配程序。三是债权人申请参与分配的债权只能是金钱债权。对于其他类型的债权，在客观上是无法让多个债权人进行分配的。四是债权人必须取得执行依据，或者对被法院查封、扣押、冻结的财产有优先权、担保物权。五是申请人申请参与分配，必须提交书面申请书并附有执行依据。六是债权人要想参与分配，应当在执行程序开始后、被执行人的财产执行终结前提出申请。

第二，债权人或者被执行人（异议人）对分配方案中的其他债权人提出异议。债权人或被执行人对法院制作的分配方案有异议的，应当自收到分配方案之日起十五日内向法院提出异议，异议必须以书面形式提交。然而，书面异议应当符合什么样的要求，现有规定并没有对其进行明确，这可能造成实务的混乱。在债权人或者被执行人提出异议后，法院应当将异议通知未提出异议的债权人、被执行人。

第三，异议对象（反对人）在法定期限内对异议提出明确反对意见。《民诉解释》第五百一十二条规定，异议对象在收到异议之日起十五日内可以对异议提出反对意见；异议对象没有提出反对意见的，法院按照异议对原来的分配方案进行调整并按新的分配方案进行分配。换言之，只有在异议对象提出明确反对意见的情况下，异议人才可以针对异议对象提起参与分配异议之诉。

第四，异议人在法定期限内针对反对人提起本诉。《民诉解释》第五百一十二条规定，异议人提起参与分配异议之诉，必须在收到反对意见之日起十五日内向执行法院起诉反对人；而且同时规定，异议人逾期提起诉讼的，法院将按照原来的分配方案进行分配。也就是说，异议人必须在法定的十五日期限内提起诉讼，否则将失去起诉的权利，即所谓"失权效"。为异议人设置起诉期限，也是域外立法的通行做法。比如，德国《民事诉讼法》即规定，对分配方案有异议的，应当在法院指定的期日前提出，同时还应当在该期日之日起一个月内向执行法院提交其已经对相关债权人提起诉讼的证明文件①。设置起诉期限，是执行效率价值追求的表现，其目的是防止参与分配程序中当事人之间的纷争久拖不决。

4.1.2　现有规定的缺陷及现实危害

《民诉解释》对参与分配异议之诉的起诉前提要件的规定还存在诸多缺陷，并可能导致一系列的现实危害。下文对这些缺陷和危害作简单分析：

4.1.2.1　参与分配规范不完善

当前，《民诉解释》对债权人申请参与分配以及法院制作分配方

---

① 杨柳. 比较与借鉴：中德执行分配方案异议之诉的制度框架分析 [J]. 法律适用，2011（8）：56-59.

案的规定较少，存在不少不明确、不完善之处。

第一，债权人申请参与分配的程序不完善。根据《民诉解释》规定，债权人申请参与分配，要以书面形式申请并说明参与分配和被执行人不能清偿所有债权的事实和理由，且申请应当在执行程序开始后、被执行人的财产执行终结前提出。这里存在两个方面的问题：其一，对于申请书的参与分配和被执行人不能清偿所有债权的"事实和理由"究竟如何写、需要达到什么标准，《民诉解释》并未对其进行明确。也就是说，申请参与分配的债权人如何才能证明自己参与分配和被执行人不能清偿所有债权是有事实根据、有理由的，这是不明确的。其二，关于"被执行人的财产执行终结前"也还需要进一步解释。在多人参与分配的情况下，"被执行人的财产执行终结前"指的是参与分配的债权人中只要有一个债权人分配完毕还是必须是所有债权人分配完毕，目前存在较大争议。债权人申请参与分配的程序不健全，容易引起纠纷并引发参与分配异议以及参与分配异议之诉，这不仅加重了当事人的负担，也增加了法院的工作压力。

第二，法院制作分配方案的程序缺少制度规范。首先，法院制作分配方案的时间并不明确。《民诉解释》仅规定，参与分配程序中法院应当制作分配方案，但对于法院应当在什么时候制作分配方案，却并没有明确规定。规范的缺失容易造成操作的混乱：方案制作太仓促，可能损害当事人的知情权、表达权，对当事人的实体权益造成损害；方案久拖不作，又可能造成执行拖延，导致债权人的合法权益迟迟得不到兑现。其次，分配方案的内容要素没有明确规定。分配方案并不像判决书、调解书那样有正式规范甚至格式要求，其形式可以多种多样，但主要的内容要素应当有一个大体统一的标准。如果不对法院制作的分配方案的内容要素进行明确，可能造成必要的内容要素的缺失，为当事人之间的后续争议埋下隐患。最后，没有规定法院在制作分配方案时的说明义务。分配方案的制作应当有明确的事实和法律根据，也应当进行必要的说明。而《民诉解释》并没有对法院制作分配方案时的说明义务进行明确规定，容易使当事人产生疑虑，也容易引发法院工作人员的廉政风险。

4.1.2.2 当事人提出异议和反对意见缺少规则约束

《民诉解释》规定，如果债权人或被执行人对法院制作的分配方案有异议，可以向执行法院提出书面异议；未提出异议的债权人、被执行人可以对异议提出书面反对意见。然而，《民诉解释》对当事人提出异议和反对意见，却缺少应有的规范。

第一，现有制度并没有对当事人提出异议的事由进行规定。正如前文所述，参与分配异议之诉的诉讼事由应当法定化，与此相对应，当事人提出的异议事由也应当法定化。目前的规定未对当事人的异议事由进行明确，可能导致债权人或被执行人滥用异议权、任意提起异议，阻碍执行程序的顺利推进。

第二，无论是针对当事人的异议还是反对意见，现有规定都没有给当事人设定说明义务。正常来讲，无论是提出异议还是提出反对意见，都应当附有相应的理由，但现有制度并没有对此有明确规定。在这样的制度框架下，当事人完全可能滥用异议权和反对权，在参与分配程序中无端引起纷争。

4.1.2.3 法院在参与分配异议程序中的地位过于消极

根据《民诉解释》的相关规定，法院在当事人提出异议和反对意见的整个程序中完全处于一种消极、被动状态，即只是负责将相关的异议和反对意见通知相关当事人。在当事人提出异议和反对意见没有相应规范的情况下，法院不对异议和反对意见开展必要的审查，会进一步导致整个程序处于一种失控状态。

4.1.3　起诉前提要件的完善

4.1.3.1　完善债权人申请参与分配的程序

债权人申请参与分配是参与分配程序的发端，也是参与分配异议以及参与分配异议之诉程序的源头。对申请参与分配程序进行规范，有利于明确当事人和法院的权利（权力）、义务和责任，有利于从源头上减少纷争，也可以为处理后续可能发生的参与分配异议以及参与分配异议之诉奠定良好的基础。本书认为，要规范申请参与分配的程序，至少需要明确以下两个问题：

第一，要明确债权人申请参与分配的形式。《民诉解释》第五百零九条规定，申请人申请参与分配，必须提交书面申请书并附有执行依据（从法理上解释，如果没有执行依据而是对被法院查封、扣押、冻结的财产有优先权或担保物权的，也应当提供相应的证明文件）。制度上规定申请参与分配必须以书面形式递交申请，同时还要求申请书应当写明参与分配和被执行人不能清偿所有债权的事实和理由，是严肃性和规范性的体现，但是，对于申请书的"事实和理由"究竟如何写、需要达到什么标准，还需要进一步解读和规范。本书认为，关于写明参与分配的事实和理由，申请人只需说明双方之间债权债务关系存在并附执行依据或者相关证明文件即可。关于写明被执行人不能清偿所有债权的事实和理由，由于被执行人的实际财产情况往往属于非常私密的个人信息，申请人几乎不可能完全清楚被执行人的财产状况，因此，在制度上，不能要求申请人提供非常精确的证据以证明被执行人的所有财产不足以清偿其所有债务。也就是说，只要申请人能够提供一些初步证据并结合常理能够初步说明被执行人有较大可能性不能以自身财产清偿所有债务的，申请人即说明了被执行人不能清偿所有债权的事实和理由。

第二，要明确债权人申请参与分配的时间条件。根据《民诉解释》第五百零九条之规定，债权人要想参与分配，应当在执行程序开始后、被执行人的财产执行终结前提出申请。"执行程序开始后"比较容易理解，在执行实务中，执行案件立案后即可以认为是执行程序开始。"被执行人的财产执行终结前"的具体含义则应作合理解读。从实务的角度解释，此处的"被执行人的财产"应当是指在本次执行过程中已经被法院执行部门掌握、控制且被作为执行标的的被执行的财产，被执行人尚未被法院执行部门掌握、控制的财产以及尚未产生的财产，不属于此处的"被执行人的财产"。此外，"被执行人的财产执行终结"应当是指"被执行人的财产"已经被全部执行完毕。只要"被执行人的财产"没有被全部执行完毕，申请人均可向法院执行部门申请参与分配。举例而言，如果被执行人的财产是100万元，债权人A、B、C各应分得40万、30万、30万，即便A和B已经获得分配，只要C还没有获得分配，即应认为被执行人的财产尚未执行终结，其他债权人仍可申请参与分配。此时，如果有其他债权人申请且获准参与分配，债权人A、B、C各自的分配额则可能发生变化，法院针对已经获得分配的债权人A和债权人B，可能会执行回转。

4.1.3.2　完善法院制作分配方案的程序

《民诉解释》第五百一十一条规定，多个债权人申请参与分配的，法院应当制作分配方案。然而，对于分配方案究竟应当怎样制作，应当遵循怎样的程序、符合什么样的要求，现有规定并没有对其进行明确。实际上，虽然参与分配异议以及异议之诉在本质上是当事人之间的纷争，但是，当事人纷争的缘起是法院制作的分配方案，从减少当事人之间纷争以及促进纷争合理有效解决的角度考虑，法院制作分配方案的程序需要细化和规范。

第一，应当明确法院制作分配方案的时间。法院执行部门必须在合理期限内制作分配方案，本书认为，在多个债权人申请参与分配的情况下，法院执行部门应当在最后一名申请者提出申请之日起十日以上、十五日以内制作分配方案。这样的时限设置，既可以保证有十日以上的期限供法院执行部门向当事人了解情况、进行沟通、制作分配方案，又可以督促法院执行部门在十五日内将分配方案制作完毕，避免执行拖延。法院执行部门在方案制作之前应该与当事人进行充分沟通，这种沟通主要包括：法院向所有申请人和被执行人通报申请参与分配的债权人人数、债权总额、被执行人的财产状况；法院主动逐一听取当事人特别是债权人关于分配方案制作的意见、建议；组织所有债权人和被执行人共同参与的座谈会，集中听取当事人的意见、建议，了解当事人关于分配方案制作的争论；引导和鼓励所有债权人和被执行人达成关于分配方案制作的共识，在各方合意下形成分配方案。

第二，应当明确分配方案的内容要素。一个合格的分配方案，至少应当载明如下内容：一是被执行人的基本个人信息以及其财产状况。值得注意的是，关于被执行人的财产状况，除了应当写明财产的基本信息、来源等情况外，还应当简要说明法院查控被执行人财产的过程，以证明这些财产是被执行人可以用来清除债务的所有财产。二是所有申请参与分配的债权人的基本信息以及各自申请参与分配的债权数额。列明债权人及其申请参与分配的债权数额，是为了让所有债权人以及被执行人都知晓债权的总额，既可以为法院执行部门计算债权人的各自分配比例、具体数额提供基础信息，又可以为当事人监督执行工作提供便利、减少当事人的疑虑。三是每一位申请参与分配的债权人的分配比例和具体数额。根据申请参与分配的债权总额与被执行人财产数额的比例，可以计算出每名债权人应当获得的分配比例和分配数额。如此一来，法院既确定了参与分配的债权人，又确定了每名债权人相应的分配数额，这一内容要素是分配方案的结论性要素，也是分配方案最为重要、最被当事人所关注的内容要素。

在司法实践中，法院制作的分配方案有时并没有完全体现上述内容要素，导致了实务的混乱。比如，最高人民法院（2019）最高法民终 492 号二审判决书显示，山西省高级人民法院于 2018 年 2 月 5 日作出的（2017）晋执 21 号财产分配方案载明："对该案已经采取强制措施的被执行人所有的运城农商行 12 337 万元股权、5 796 万元红利分配如下：一、债权人夏某依其在本案中享有的债权为限先予受偿。二、债权人中航信托公司在债权人夏某受偿之后的剩余部分受偿。"这一分配方案存在的严重问题就是并没有对各债权人应该受分配的具体金额进行明确，只是指明了夏某具有优先受偿权。而在后续的异议程序和异议之诉中，中航信托公司又提出其也应当享有优先受偿权，导致在一审、二审案件中，不仅中航信托公司在诉讼请求和上述请求中均要求法院确定其享有优先受偿权，而且一审、二审法院均在判决主文中将中航信托公司是否具有优先受偿权进行了确认。这意味着，该案的诉讼事由实际上已经变成中航信托公司请求法院对其自身是否享有优先受偿权问题进行裁决，不仅超出了应然的法定化诉讼事由的范围，而且在客观上无法实现参与分配异议之诉的制度初衷。就该案而言，法院判决仅仅确认中航信托公司的优先受偿权，显然是不够的——中航信托公司与夏某所享有的是否是同一顺位的优先受偿权、他们之间是否存在受偿的先后顺序等，判决书都没有进行回应，这完全可能导致后期执行部门在开展分配时无所适从，甚至引起当事人之间新的纷争。

第三，法院应当对分配方案的制作依据进行充分展示，对理由进行充分说明。在参与分配程序中，法院应当负有对债权人申请参与分配的审查义务，即应当对申请人提交的执行依据，对法院查封、扣押、冻结的财产享有优先权、担保物权的证明文件等进行审查，还应当对被执行人是否已经清偿申请人的债务以及债权额是否属实进行审查。如果法院经审查后认为申请人不符合参与分配的条件，则应当将申请人不纳入参与分配的债权人之列。值得注意的是，无论法院是否认同申请人的参与分配资格、是否认同申请人的债权额度申报，都应当在分配方案中进行说明。特别是不认同申请人参与分配资格以及不认同申请的债权额度的，必须进行必要的说明。

4.1.3.3 完善当事人提出异议和反对意见的规则

第一，完善债权人或被执行人提出异议的规则。根据《民诉解释》第五百一十一条之规定，债权人或被执行人对法院制作的分配方案有异议的，应当自收到分配方案之日起十五日内向法院提出异议，异议必须以书面形式提交。然而，书面异议应当符合什么样的要求，现有规定并没有明确，这可能造成实务的混乱。规范书面异议的关键，在于要严格限制当事人提出异议的事由，同时，还应当要求当事人在提出异议时提供合理的理由：一是要限制异议的事由。在参与分配异议阶段，当事人提出异议的事由应当与参与分配异议之诉的事由在类型上保持完全一致，即当事人只能对分配方案中债权人的主体资格、分配顺位、分配比例及具体金额提出异议。换言之，只有这四类异议才是正当的异议，除此之外，诸如债权人经济实力雄厚、不应参与分配或不应按应有比例分配，被执行人经济困难、不应分配其所有财产等事由，均不能作为异议的事由。二是当事人提出书面异议还应当说明理由。例如，当事人书面异议称债权人不应具备参与分配资格，即应当说明债权人据以申请参与分配的执行依据、证明文件是虚假的，或者债权已经在事先得到清偿。如果不要求当事人在异议时附带说明理由，就难以杜绝当事人随意提出异议。

第二，规定当事人在提出反对意见时必须说明理由。与异议人的异议一样，异议对象的反对意见也应当是有理由的，也应当对相关问题进行必要说明，如果仅仅提出"我反对"而不附带理由，则难以避免异议对象提出反对意见的随意性。

4.1.3.4 规定法院在当事人提出异议和反对意见过程中的审查、说明义务

第一，应规定法院负有对当事人异议和反对意见的审查义务。首先，要设定法院对异议进行审查的内容。法院审查异议应当主要

审查当事人所提的异议是否符合正当异议事由（即是否指向的是被异议人的主体资格、分配顺位、分配比例及具体金额）以及是否说明了理由。如果异议事由不正当或者并没有说明理由，即应认定该异议不是正当异议。其次，要明确法院对异议进行审查的要求。让法院在异议程序中享有审查权力、承担审查义务，是非常必要的。然而，异议毕竟不是诉讼程序，在异议人提出异议的阶段，当事人之间不可能进行充分论辩，因此，法院的审查应当主要是形式审查，即在规定的时限内审查异议人所提异议是否是正当异议事由、是否附有理由。至于异议是否成立、理由是否充分等问题，应当交由参与分配异议之诉程序来进行判定。法院经审查认为异议不构成正当异议的，应当将结果当面正式告知异议人并现场制作笔录。异议审查通过的，法院应当立即告知异议人，并将异议通知其他债权人和被执行人。最后，法院在审查反对意见时，要审查反对意见是否具有针对性（即是否是针对异议人的异议事由而提出的）。当然，这种审查仅限于形式审查，反对意见究竟是否成立，还是应当交由审判程序来进行判定。

第二，应限定法院向当事人通知异议和反对意见的时间及对象。首先，为了实现程序的快速推进，应当要求法院在完成审查后十日内将异议通知其他债权人和被执行人，或者将反对意见通知异议人。这是为了保证执行程序的效率，避免法院工作节奏拖沓、保证当事人权利及时兑现的必要之举。其次，应当限定法院通知的对象。从《民诉解释》第五百一十二条的字面意思理解，只要是债权人或被执行人提出异议的，法院应当通知所有的未提出异议的债权人、被执行人。然而，要求法院通知所有的未提异议的债权人、被执行人，不仅没有必要，而且还会无端耗费法院的工作精力，增加法院的工作量、降低执行工作效率。举例而言，如果有 10 个债权人参与分配，其中一个债权人仅对另外一个债权人提出异议，正如本书第 2 章所述，由于异议并没有针对另外 8 个债权人和被执行人，他们也就无法对异议提出反对意见，因而法院并没有必要通知他们。同时，如果要通知这 8 个债权人以及被执行人，肯定会加大法院的工作量，增加法院的工作难度，特别是有的被执行人在执行程序中根本就"不露面"，通知起来更是难度极大。因此，法院只需要将异议通知作为异议对象的债权人。最后，应要求法院在通知时一并将相关规定告知被异议对象。参与分配、参与分配异议乃至参与分配异议之诉，在我国都是比较新的制度，社会知晓度并不高。因此，法院在对异议进行通知时，应当告知异议对象可以在收到通知之日起十五日内提出反对意见，并告知未在规定时间内提出反对意见的法律后果（即法院将按异议人的意见对原来的分配方案进行修正并作为后续执行的依据），以便异议对象知晓并行使自己的程序性权利。

4.2　诉讼请求

原告在起诉时应当如何提出诉讼请求，这是参与分配异议之诉的重要问题。而诉讼请求究竟应当如何提出，实际上取决于在原告胜诉的情况下，法院判决书的主文会怎样写；判决书主文应当怎样写是由参与分配异议之诉的性质和任务决定的。

4.2.1　原告起诉的目的论解释：从诉讼性质到判决内容

原告提起诉讼，其目的当然是胜诉，即希望法院以判决的方式确定原来的分配方案存在错误并形成新的（于己有利的）分配方案。而原告的诉讼请求是否恰当，在本质上又取决于法院在原告胜诉时，在判决书主文中会如何进行表述。那么，法院判决书应当如何表述原来分配方案存在问题并致力于形成新的分配方案？下面细论之：

第一，关于如何表述原来的分配方案存在的问题。本书认为，在原来的分配方案存在问题的情况下，参与分配异议之诉的判决书不宜直接表述为"某某执行案件的分配方案有误"或者"撤销某某执行案件的分配方案"，因为一是分配方案本身并不是判决书或者裁定书，将其撤销或者认定其有错误，在法理上说不通；二是撤销或者认定原来的分配方案有错误，也不能直接回应原告的直接诉求——原告提起异议乃至异议之诉，其目的是提高自己的分配额度而不是确定原来的分配有问题；三是根据《民诉解释》第五百一十二条之规定，在参与分配异议之诉的诉讼期间，法院只需要提存与争议债权数额相应的款项，换言之，当事人没有异议的部分，并不影响执行，此时将原分配方案撤销或者认定其有错误，并不恰当。因此，本书认为，法院如果经审理认定原来的分配方案的确存在问题，参与分配异议之诉的判决书应当直接表述为"被告减少分配额至××元"（或"被告不得参与分配"）以及"原告增加分配额至××元"（在原告是被执行人的情况下，就没有这一判项）。这样的表述既避免了直接撤销或者认定法院分配方案有错误，又在实际上暗含了原分配方案有错误的意思，还直接回应了原告的诉求，即减少或完全清除了被告分配额，增加了原告分配额或者（在原告为被执行人的情况下）减少了原告的债务总额。

第二，关于如何致力于形成新的分配方案。对于能否在判决书中直接变更分配方案，学术界存在较大争议。有的学者认为，判决应当直接变更原来的分配方案，避免来回折腾①。也有学者认为，根据"审执分离"的精神，制作分配方案是法院执行部门的职权，判决只能撤销分配方案中的异议部分并责令执行部门重新制作分配方案②。本书认为，判决不宜直接变更原来的分配方案，但理由并不是"在审执分离原则下，分配方案只能由执行部门制作"；既然当事人都可以针对分配方案提出异议和异议之诉，而异议之诉是由审判部门审理，固守"分配方案只能由执行部门制作"的观点，未免显得过于狭隘和保守。本书之所以认为判决书不宜直接对分配方案进行变更，是因为在部分案件中，原告胜诉后，胜诉利益可能并不是只会由原告享有，往往还会涉及其他债权人和被执行人的利益，而其他债权人或被执行人并不是本诉的当事人，如果判决直接对涉及他们的利益进行重新分配，就违背了民事诉讼的"不告不理"原则。既不能直接变更原来的分配方案，又要实现对原来分配方案的变更，这要求我们必须在判决主文的表述上进行创新。本书认为，可以在判决主文的第一项即"被告减少分配额至××元"（或"被告不得参与分配"）、第二项即"原告增加分配额至××元"（在原告是被执行人的情况下，无此判项）之后，增加第三项，具体表述为"本院（执行法院）于本判决生效之日起十日内，根据本判决第一、二项

---

① 朱新林. 论民事执行救济 [M]. 北京：中国政法大学出版社，2015.
② 李世成. 论执行参与分配方案异议之诉的程序构造 [J]. 法律适用，2011 (9)：15-18.

（或仅为第一项）对原分配方案进行修正"。

4.2.2 诉讼请求的具体表达

确定了原告胜诉的判决书的主文应当怎样写，就明确了原告应当如何正确地提出诉讼请求。原告的第一项诉讼请求应当是请求法院判决减少被告分配额至××元（或被告不得参与分配），第二项诉讼请求是原告增加分配额至××元（在原告是被执行人的情况下，无法提出此项请求），第三项诉讼请求是判决生效后根据第一、二项（或仅为第一项）请求对原分配方案进行修正，此外，原告还可以提第四项诉讼请求，即请求判令本案诉讼费用由被告承担。为了支持自己的诉讼请求，原告应当从两个方面提供相应的证据材料：第一，要提供证据证明为什么应当减少被告分配额至××元或为什么被告不得参与分配，即证据要能够证明被告的分配主体不适格、分配顺位不对、分配比例和具体金额不对；第二，（在原告为债权人的情况下）要提供证据证明为什么应当增加自己的分配额至××元，即证据要能够证明被告的财产总额、自己的债权比例等。由于参与分配异议之诉是一项比较新的诉讼类型，最高人民法院有必要出台相应的文书模板，对法院判决主文以及原告诉讼请求的格式进行统一，减少司法实务中的混乱。对原告的诉讼请求范围和表述方式进行明确，有助于明确案件审理范围、举证责任、辩论焦点等事项、顺利推进诉讼程序，也有助于法院在立案阶段直接根据原告第二项诉讼请求的金额与原来分配方案载明的原告分配金额之间的差值，计算案件受理费。

由于缺少制度依据以及没有形成统一认识，在司法实践中，原告在参与分配异议之诉中所提出的诉讼请求多种多样，而法院也没有对其进行指导和纠正，这不仅导致实践的混乱和当事人的无所适从，而且还可能在后续执行程序中滋生新的纷争。实践中诉讼请求方面的问题主要可以分为以下三类：第一，诉讼请求太过笼统。比如，上海市杨浦区人民法院审理的（2020）沪 0110 民初 4319 号参与分配异议之诉案件，原告上海达园建材经营部所提出的诉讼请求只有一个，即撤销（2019）沪 0110 执恢 20 号执行案件的《执行财产分配方案》；与此相对应，杨浦区人民法院在该案的判决书主文也只有一个，即撤销由该院作出的《执行财产分配方案》。这样的诉讼请求和判决主文会导致严重问题，即并没有指明撤销原来的分配方案后，法院执行部门应当如何重新制作新的分配方案。这不仅导致法院执行部门在重新制作分配方案时没有判决依据，而且还可能导致当事人针对新的分配方案再次提起异议和异议之诉，让执行程序陷入低效率甚至无效率的死循环。第二，诉讼请求超出了参与分配异议之诉的审判范围。比如，上海市徐汇区人民法院审理的（2019）沪 0104 民初 17162 号参与分配异议之诉案件，原告陈某提出的第二项诉讼请求就是"被告洪某的债权不享有优先受偿权，（被执行财产）应当由各债权人按债权比例平均受偿"。这样的诉讼请求实际上就是原告已经代其他没有以原告身份参与诉讼的债权人，在诉讼程序中向法院提出了请求；质言之，对于其他债权人的债权如何受偿，这不是原告可以在本案当中进行请求的。如果法院对这样的诉讼请求进行审理，就违背了民事诉讼"不告不理"的基本原理。第三，诉讼请求没有提出请求增加原告的具体分配额以及减少被告的具体分配额。原告在诉讼请求中没有提出这两个请求，是一个比较普遍的现象。原告在参与分配程序中提起异议乃至异议之诉的终极目的就是减少被告分配额、提高自身分配额，如果诉讼请求中并没有这两项且法院的裁判文书也并不对此进行回应，那么，参与分配异议之诉的目的就难以直接达到，其不良后果也就会如前文所述的"诉讼请求太过笼统"一样。司法实践中的这些乱象表明，对原告所提的诉讼请求进行规范，意义十分重大。

诉讼请求和判决内容之间存在相互对应的关系。本节的研究既解决了原告胜诉的判决应当怎样写的问题，又解决了原告的诉讼请求应当怎样表述的问题。厘清这两个问题，有利于明确案件争议焦点，提高当事人对抗的质量，提高案件审理的效率。

4.3 起诉审查

4.3.1 起诉审查之必要性分析

在 2015 年之前，法院对民事诉讼采取的是立案审查制。立案审查制的初衷是防止当事人滥诉、节省有限的司法资源，在实践当中，法院可能出于地方保护主义、减轻审判工作压力等原因，对本应符合民事诉讼立案标准、应当予以立案的案件，采取了拖延立案、不予立案等措施，导致了广为社会诟病的"立案难"。"立案难"阻塞了当事人寻求权利救济的渠道，对司法公信力和法院、法官的形象造成了严重的负面影响，立案环节也就成了民事诉讼制度改革的重要环节。为了回应社会公众的诉求，2015 年 4 月 1 日，中央全面深化改革领导小组第十一次会议审议通过了《关于人民法院推行立案登记制改革的意见》，在顶层设计上对法院立案制度改革作出了明确要求，要求法院对应当受理的案件做到有案必立、有诉必理。立案登记制要求法院在立案环节只能对当事人的起诉进行形式审查，而不得作实质审查，除了法律明文规定不予立案的情况，当事人提交的起诉材料法院必须一律接收，并出具书面凭证；符合立案条件的，当场予以立案；需要补充材料的，法院应当一次性全面告知当事人应当补充的材料，并在当事人提交补充材料后七日内决定是否立案。立案登记制的采行，虽然在一定程度上增加了法院的办案压力，也导致了部分滥诉，但是立案登记制对畅通当事人权利救济渠道、维护法院司法公信力具有十分深远的意义。

然而，参与分配异议之诉，却不宜如普通民事案件一样，直接采取立案登记制。本书认为，参与分配异议之诉应当采取有限审查制，即法院对当事人的起诉应当进行必要的审查。其理由如下：

第一，对参与分配异议之诉采取立案审查制，是由其是执行程序的衍生诉讼的特殊性决定的。执行程序是债权人救济权利、兑现权利的最后一道程序，在执行程序前，债权人为了维护自身权益，已经历经了千辛万苦、耗费了大量人力物力财力，他们对权利兑现的渴望可想而知，更何况有的债权人还指望以执行款项来维持生产、生活甚至生存。同时，执行程序中还天然存在高度的不确定性，被执行人隐匿或转移财产、财产被他人占有或转移、市场环境下的财产贬值等风险大量存在。因而，效率应当是执行程序追求的最高价值，执行拖延、久拖不执将会对债权人的权益造成实质性损害。参与分配异议之诉是衍生于执行程序的诉讼，诉讼的展开无疑将造成执行程序的中止。因而，我们在制度上必须对随意提起诉讼甚至恶意诉讼进行制止，防止执行程序被无端中止，对债权人权利造成损害。

第二，对参与分配异议之诉采取立案审查制，有利于有效遏制恶意诉讼。应当说，恶意诉讼一直是民事诉讼领域的一个应当克服而难以克服的问题，特别是立案登记制实行以来，如何遏制恶意诉讼，对法院乃至整个社会来说，都是一个重要的司法实践命题。参与分配异议之诉衍生于执行程序，当事人特别是被执行人可能会有动力以阻碍执行为目的发起恶意诉讼。如果被执行人与相关主体进行勾结，双方串通，以债权人名义发起意在阻碍执行的恶意诉讼，则更不容易被发现和遏制。而恶意诉讼既浪费了宝贵的司法资源，又对债权人的合法权益造成实质性侵害，我们必须从制度层面进行预防。建立立案审查制，是预防和遏制恶意诉讼的重要手段。

第三，对参与分配异议之诉采取立案审查制，有利于保证后续审理程序的高质高效推进。执行程序必须更加凸显对效率的追求，衍生于执行程序的参与分配异议之诉也应当凸显这一追求。为了追求效率，我们应当对本诉的审理程序进行优化，也应当在立案环节加强把关，保证所立案件都是当事人之间真实的纷争。如果不在立案环节进入把关而放任不符合立案条件的案件进入审理程序，则会增加审判法官的工作时间、降低诉讼效率。相反，对于在立案环节经过审查的案件，法官则会减少审查案件是否应当受理的时间和精力，有助于法官将注意力更多投入到对事实、法律争议的判定上，从而保证审理的质量和效率。

4.3.2 起诉审查的内容

为了实现保障当事人诉权与防止恶意诉讼的平衡，实现对当事人权利的平等保护，必须明确法院进行立案审查的具体内容。本书认为，在立案阶段，法院对当事人的起诉主要审查四个方面的内容：

第一，诉讼主体。诉讼主体的审查主要包括三个范畴。首先，要审查原告是否适格。从参与分配异议之诉的制度原理出发，原告必须是参与分配的债权人或被执行人，如果不是进入参与分配程序的债权人或被执行人，就不是本诉的适格原告。此外，原告不仅仅是参与分配程序中的一般债权人或被执行人，而且必须是在起诉前提起了异议且异议遭到反对的债权人或被执行人。其次，要审查被告是否适格。按照本书第 2 章所述，本诉的被告必须是在参与分配程序中受到异议的债权人，且该债权人针对其他债权人或者被执行人的异议提出了明确反对意见。换言之，如果原告所列之本诉的被告是被执行人或者是没有受到异议的债权人或者是受到异议但没有明确提出反对意见的债权人，就不是本诉的适格被告。例如，在江苏省高级人民法院审理的安某与汪某参与分配异议之诉案件〔（2019）苏民终 213 号〕中，上诉人安某认为不属于参与分配案件债权人、被执行人的经纬公司以及未对分配方案提出反对意见的安某，也应作为案件当事人，并以一审法院未将经纬公司、安某作为案件当事人为由请求将案件发回重审，被江苏省高级人民法院驳回上诉。如果在起诉阶段就进行相应审查，完全可以避免案件进入审理程序、节省司法资源。最后，要审查原告在起诉时是否列出了第三人。根据本书第 2 章的论述，本诉不能有第三人存在，如果原告在起诉时列出了第三人，则其起诉就存在问题。当然，必须指出的是，原告和被告不适格的，法院应当裁定不予受理；而原告在起诉中列出了第三人的，如果原告、被告适格，则法院应当受理，只是应当责令原告在诉状中删除第三人。

第二，起诉时限。根据《民诉解释》第五百一十二条第二款的规定，异议人应当在收到反对意见之日起十五日内提起诉讼；异议人逾期未提起诉讼的，法院应当按照原有分配方案进行分配。也就是说，十五日是异议人行使权利的法定期限，异议人超过这一期限提起诉讼的，法院不应受理其起诉。由于"逾期则失权"，因此法院应当将起诉时限作为立案审查的重要内容；对于逾期起诉的，法院应一律裁定不予受理。

第三，起诉事由。法院在立案阶段对起诉事由的审查，主要是确保原告的起诉事由必须是参与分配异议之诉的法定事由，即原告请求法院审理的是原告对被告参与分配的主体资格、分配顺位、分配比例、分配金额的异议是否应当得到支持。除了这四种事由，原告所提出的其他任何起诉事由都是不恰当的，其起诉都不应当被法院所受理。当法院在立案程序中发现原告的起诉事由不是法定事由时，应当向原告说明理由，提醒其调整起诉事由，若原告坚持不调整的，应当裁定不予受理。在实践中，有的法院对原告的起诉事由把关不严甚至不进行把关，导致案件的后续审理陷入被动。例如，湖南省邵阳市中级人民法院审理的（2019）湘 05 民初 149 号参与分配异议之诉案件，原告洞口农商银行的第二项诉讼请求居然是"请求确认执行方案所涉房地产不为被告华恒公司申请执行的标的物且被告华恒公司不对该房地产享有建设工程优先受偿权"；诉讼请求被邵阳市中级人民法院驳回后，原告洞口农商银行上诉至湖南省高级人民法院，其上诉理由仍然有"求确认执行方案所涉房地产不为被告华恒公司申请执行的标的物"。而湖南省高级人民法院的（2019）湘民终693号判决书在撤销一审判决书的同时，又判决停止对邵阳市中级人民法院执行分配方案的执行。显而易见，在该案中，无论是从原告的诉讼请求看，还是从二审法院的判决主文看，当事人之间的纠纷都不是参与分配异议之诉所应当审理的范围。这个案件表明，在立案环节对原告起诉事由进行审查和把关，是至关重要的。

第四，起诉材料。为了发起诉讼程序，原告必须在立案环节向法院提供必要的材料。这些材料包括：其一，法院执行部门加盖公章的、原告在异议程序中提出的书面异议复印件。这个材料主要是为了证明原告已经在异议程序中对被告提出了书面异议。为了确保原告提供的书面异议与其在异议程序中提交给法院执行部门的书面异议是符合法律规定的，原告应当请求法院执行部门复印其提交的书面异议并加盖公章。其二，法院执行部门加盖公章的、能够证明原告收到反对意见日期的材料。这个材料可以是法院执行部门制作的、有原告及其代理人签字的送达回证，或者邮件投递证明文件。让原告在起诉时提供这一材料，就是为了验证原告是否在法律规定的期限内提起诉讼。其三，初步证据材料。初步证据材料主要是当事人身份信息，被告参与分配的证明材料，能够证明被告参与分配的主体资格、分配顺位、分配比例、分配金额等存在问题的材料等。对于证据材料，法院虽然不应以诉讼程序的标准要求原告提供，但是当事人身份信息、被告参与分配的证明材料是必备材料。总之，原告提供的起诉材料不符合要求的，法院对其起诉也应当不予受理。

4.3.3　起诉审查环节当事人的权利救济

虽然立案审查主要是为了遏制当事人的恶意诉讼或滥诉，但是我们也应当在制度层面保护当事人的合法诉权，在立案程序中为当事人设置必要的权利救济渠道。由于参与分配异议之诉采取的是与普通民事诉讼截然不同的立案审查制，当法院认为不应受理原告起诉时，必须要充分说明理由。具体来说，法院在收到原告的起诉时，认为起诉符合受理条件的，应当当场受理；认为其不符合受理条件的，应当在七日内作出不予受理的正式裁定。在不予受理裁定中，法院必须围绕上述立案审查的具体内容展开说明，以论证原告的起诉不符合受理条件，即原告起诉的主体资格不适格、起诉逾期、起诉事由不合法或与异议事由不完全一致、起诉材料不全。要求法院承担说明义务，是为了约束法院权力、促进法院正当行权，也为当事人保护自身正当的起诉权利、寻求权利救济提供渠道。此外，当事人不服法院的不予立案裁定的，也可以与普通民事诉讼一样，向上级法院提出上诉。

4.4　案件受理费的收取

对于法院应当如何收取参与分配异议之诉的案件受理费，学术界和实务界都有不同的观点，实践操作中，各地、各级法院的具体做法也各不相同。这种不同不仅不利于法治的统一，会给社会公众带来迷惑，而且不利于案件受理费制度功能的充分发挥，有必要在理论上统一认识，在实践中统一做法。

4.4.1　案件受理费收取的实践乱象

申芙蓉、阎颖对中国裁判文书网上公布的 2011 年至 2015 年全国法院系统受理的参与分配异议之诉案件（共计 246 件）进行了统计，发现法院对案件受理费的收取存在着非常大的混乱，有超过70％的案件（174 件）是以非财产性案件收取案件受理费，以财产性案件收取案件受理费的接近 30％（72 件），并且这种混乱是不分时间、地域的。从时间上看，除了 2011 年（只有 1 件案件），后面四年没有一年是标准统一的；从地域上看，除了几个案件数量很少的省（自治区、直辖市）在内部标准上是统一的，其他大多数省（自治区、直辖市）都存在内部标准不统一的问题，即便是内部标准统一的那少数几个省（自治区、直辖市），彼此之间的标准也是不统一的①。本书在写作过程中也查询了中国裁判文书网，发现同样是在吉林省内，吉林市中级人民法院审理的中国民生银行股份有限公司吉林分行与交通银行股份有限公司吉林分行执行分配方案异议之诉一案〔（2019）吉 02 民初 480 号〕是以财产性案件收取案件受理费，而松原市中级人民法院审理的吉林省鸿城置业担保投资有限责任公司与姜玉廷、王彦、纪振平执行分配方案异议之诉一案〔（2018）吉 07 民终 733 号〕，又是以非财产性案件收取案件受理费。收费标准上的混乱，导致了诸多实践乱象，影响了法院公信力，可能损害当事人合法权益或者造成国有资产流失，必须对收费标准进行统一。

①　申芙蓉，阎颖. 执行分配方案异议之诉案件受理费用标准的实践考察与统一化构想 [J].
司法改革评论，2017（1）：144-162.

此外，即便是以财产性案件收取案件受理费，在计算基数的选取上，各地法院也是各有不同。

案件受理费方面的实践乱象，既有《诉讼费用交纳办法》规定不明确、界定不具体的原因，也与学术界和实务界对参与分配异议之诉这一比较新的诉讼类型在研究上不充分、认识上不统一有关。但是无论如何，这种大规模、长时间的实践混乱，我们应当引起重视，并妥善加以解决。

4.4.2　案件受理费收取机制的制度效用

有研究认为，合理的、包括案件受理费在内的诉讼费具有四大功能，即保障诉权、调解案件、引导程序、抑制滥诉[①]。同时，根据受益者负担学说[②]，当事人是诉讼的受益人，由其负担一定的费用，可以补偿一定的诉讼成本，增加公共收入，也保证社会公平。本书认为，合理的案件受理费收取制度，起码有以下四个方面的效用：

4.4.2.1　增加公共收入

适当地收取受理费用能够增加公共收入。公共设施是否收费以及以什么标准收费，涉及税收的公平分配问题，因为有的公共设施是以全体纳税人缴纳的税款修建的，但有的纳税人可能一生都不使用这些设施，有的纳税人却可能无数次重复使用，按照"多受益者多缴费"原则向使用这些设施的人适当收取费用，具有合理性[③]。因此，制定合理的诉讼费收取规则、向当事人收取适当的案件受理费，

---

① 冉崇高. 以实现诉讼费制度功能为视角论我国诉讼费制度改革 [J]. 法律适用，2016 (2)：92-98.

② 张卫平. 司法改革评论（第二辑）[M]. 北京：中国法制出版社，2002.

③ 傅郁林. 诉讼费用的性质与诉讼成本的承担 [J]. 北大法律评论，2001 (1)：239-274.

有利于增加公共收入、部分弥补因当事人发起诉讼而带来的公共资源消耗。

4.4.2.2 保障当事人诉权

包括案件受理费在内的诉讼成本过高，将导致部分当事人"打不起官司"，在高昂的成本面前选择放弃以诉讼渠道来维护自身合法权益。为了保障当事人诉权，我们必须妥善制定案件受理费制度，特别是要根据当前的经济社会发展状况和人民群众整体收入状况科学合理地确定案件受理费的收取标准。因此，合理的案件受理费既能够遏制滥诉，又能够保证当事人充分行使诉讼权利、有效维护自身权益。

4.4.2.3 促进当事人选择其他纠纷解决渠道，防止诉讼案件增长过快

就整个社会层面而言，解决纠纷并不是只有诉讼这一条通道，即便是在诉讼程序内，也并不是只有通过判决才能化解当事人纷争、维护当事人权益。在诉讼程序内部，调解、经协商后撤诉等都是当事人之间解决纠纷的良好途径，这些更为温和的纠纷解决方式更能节省当事人的诉讼成本，并为当事人修复双方社会关系创造更加良好的条件。根据《诉讼费用交纳办法》，诉讼程序内调解、撤诉等都是减半收取案件受理费，这样的制度设计有利于引导当事人以这些方式解决纠纷、终结诉讼，也有利于减少法院在诉讼案件中的投入、减少公共开支。

4.4.2.4 防止滥诉

诉讼成本过低，是当事人滥用诉权的重要诱因之一[①]。因而，在合理范围内适当提高诉讼成本，是抑制滥用诉权的重要途径之一。在诉讼费用的承担上，我国采用的是英国式的"败诉者须承付双方的费用"的模式[②]。在这样的情况下，如果当事人滥诉且最后败诉，其将承担包括案件受理费在内的相关诉讼费用。案件受理费的标准不宜过低；案件受理费的标准保持在合理范围内，会在一定程度上遏制当事人随意提起参与分配异议之诉，可以将诸多的恶意诉讼排除在法院之外。

4.4.3 确定案件受理费标准的应然之路

本书认为，杜绝参与分配异议之诉案件受理费收取乱象、充分发挥案件受理费制度对于诉讼制度本身的正面功能，应当从两个方面对案件受理费的收取进行规范：

4.4.3.1 统一案件受理费的收取标准

目前，我国确定诉讼费（特别是案件受理费）的主要标准有两个，一是案件的诉讼性质或非诉讼性质，二是案件的财产性或非财产性，这是实行司法有偿主义的国家或地区在明确诉讼费用的收取标准时，必须考虑的因素[③]。就参与分配异议之诉而言，其诉讼性质已无疑义，问题的关键在于，本诉是应当以财产性案件还是以非财

---

① 冉崇高. 以实现诉讼费制度功能为视角论我国诉讼费制度改革 [J]. 法律适用，2016 (2)：92-98.

② 钟凤玲. 台湾地区民事诉讼收费制度 [J]. 比较法研究，1999 (1)：519-523.

③ 廖永安. 论民事诉讼费用的性质与征收依据 [J]. 政法论坛（中国政法大学学报），2003 (5)：63-70.

产性案件收取案件受理费？

根据我国《诉讼费用交纳办法》的规定，财产性案件与非财产性案件在案件受理费的收取上存在很大差异，简单地说，就是财产性案件是根据诉讼请求的金额或者价额按比例分段累计交纳，而非财产性案件则是按件交纳。当前的经济社会发展状况和人民群众收入状况以及诉争案件的标的或价额，决定了同一个案件，如果将其作为财产性案件，案件受理费标准往往要高于将其作为非财产性案件的标准，有时候这种差异可能异常巨大。因此，在参与分配异议之诉中，以财产性案件还是以非财产性案件收取案件受理费，将直接决定着案件受理费的制度功能能否充分发挥。

本书认为，全国法院要尽快统一标准，将参与分配异议之诉作为财产性案件收取案件受理费。其理由如下：第一，参与分配异议之诉并不属于非财产性案件的特征。《诉讼费用交纳办法》第十三条规定，非财产性案件主要包括离婚案件，侵害姓名权、名称权、肖像权、名誉权、荣誉权和其他人格权案件以及其他非财产性案件。可以看出，参与分配异议之诉跟上述已经列明的这几类非财产性案件，在性质上并不能等同。第二，参与分配异议之诉更加符合财产性案件的基本特征。参与分配异议之诉本来就是当事人之间对参与分配被执行人的财产产生的纷争，这种纷争有明确的争议金额，将其定性为财产性案件明显更加符合实际。第三，当前以及今后，参与分配异议之诉的争议金额往往都是不小的，有时还会特别巨大，如果以非财产性案件的标准收取案件受理费，显然不合时宜。例如，笔者查询中国裁判文书网发现，在北京天安天地典当行有限公司等与宝蓝物业服务股份有限公司等执行分配方案异议之诉二审案件

〔（2019）京民终 1476 号〕中，涉及分配财产将近 2 亿元，但是二审案件受理费仅收取 70 元，明显有失公允。在《执行分配方案异议之诉案件受理费用标准的实践考察与统一化构想》一文中，申鞭蓉和阎颖随机选择了 30 个案件对其涉及金额进行研究，发现最高涉案金额高达 6.8 亿元，最低涉案金额也有 4 万元，其他的案件大部分涉案金额也都在几百万到几千万之间①。这些动辄涉案金额几百万、几千万甚至上亿的案件，如果将其作为非财产性案件仅收取 50 元到 500 元不等的案件受理费，是难以为普通人所接受的。

4.4.3.2 明确案件受理费的计算基数

在明确了应当将参与分配异议之诉以财产性案件确定案件受理费收取标准后，还需要进一步明确案件受理费的计算基数。《诉讼费用交纳办法》规定，财产性案件根据诉讼请求的金额或者价额，按比例分段累计交纳案件受理费，因而有观点认为，应当以原告诉讼请求所涉及的异议金额作为参与分配异议之诉的案件受理费的计算基数；也有观点认为应当根据原告完全胜诉之后所得分配额与原有分配方案所载明之分配额之间的差额作为案件受理费计算的基数②。如果仅仅从字面意思理解，以异议金额作为案件受理费的计算依据似乎是比较恰当的，因为《诉讼费用交纳办法》对财产性案件诉讼费计算基数的表述就是"诉讼请求的金额或者价额"。然而，进一步深究可以发现，这样的认识是存在偏差的。《诉讼费用交纳办法》是

① 申芙蓉，阎颖. 执行分配方案异议之诉案件受理费用标准的实践考察与统一化构想［J］. 司法改革评论，2017（1）：144-162.
② 高长久，符望. 裁判文书确定的抵押权数额在执行分配中的对抗效力：华升建设集团有限公司与何伟、上海泰苑房地产发展有限公司执行分配方案异议之诉一案［J］. 判例与研究，2012（4）：18-25.

2007 年开始实施的，当时我国并没有设立参与分配异议之诉的制度，立法本身不能考虑到参与分配异议之诉的特殊性并建立与之相对应的案件受理费的相关制度。换言之，《诉讼费用交纳办法》是着眼于普通的民事诉讼作出的上述表述。从立法原意上解读，在普通民事诉讼中，原告诉讼请求的金额或者价额就是其可能通过诉讼直接获取的诉讼权益，因而这样的表述并无不当。如果以"原告可能通过诉讼所直接获取的诉讼权益"作为标准来审视参与分配异议之诉的案件受理费的计算基数，我们就会发现，在本诉中，原告的异议金额并不能等同于其可能通过诉讼直接获取的诉讼权益，前者往往高于后者。若以原告的异议金额作为计算基数要求原告预交案件受理费，显然无端加重了原告的经济负担，特别是在异议金额非常巨大的情况下，这可能导致原告在高昂的经济负担下被迫放弃起诉。因此，这种观点是不可取的。

本书认为，在参与分配异议之诉中，应当以原告完全胜诉之后最终所得分配额与原有分配方案所载明之分配额之间的差额作为案件受理费计算的基数。其理由如下：第一，以此种方式确定计算基数，更加符合立法原意。正如前文所述，《诉讼费用交纳办法》关于案件受理费计算基数的表述，实际上应该理解为"原告可能通过诉讼所直接获取的诉讼权益"。从这个角度看，原告在参与分配异议之诉中可能获得的诉讼权益就是其在完全胜诉之后所得分配额与原有分配方案所载明之分配额之间的差额，而并不是（或不完全等同于）异议额本身。因此，以差额作为计算基数，才是立法之本意所在。第二，以此种方式确定计算基数，更能体现公平原则。在很多情况下，参与分配的往往是多名债权人，这就意味着原告在参与分配异议之诉中能否胜诉，可能影响着其他债权人的利益。简言之，如果原告胜诉（即其异议成立），可能并不是只有原告才能从中受益，被告之外的债权人和被执行人也可能因原告的胜诉获取收益。如果将异议额作为收取案件受理费的计算基数，就意味着诉讼的可能收益将由多人共同享有，而因败诉带来的可能风险却将由原告独立承担，这显然是不公平的。因此，以完全胜诉之后所得分配额与原有分配方案所载明之分配额之间的差额作为收取案件受理的计算基数，才更加符合公平原则。第三，以此种方式确定计算基数，才能避免维权的"公田困境"。在很多时候，当某一名或者多名债权人本不应参与分配或者不应分配到分配方案所载明的金额，所损害的是其他所有债权人和被执行人的权益。此时，对于其他所有债权人和被执行人而言，提出参与分配异议进而提起异议之诉，符合他们的共同利益。如果以原告异议的金额作为案件受理费的计算基数，就会让原告独自承担为集体利益进行抗争的风险，这会导致很多潜在的"维权斗士"不愿、不敢做这个"出头鸟"，从而产生集体利益无人维护的"公田困境"。

需要说明的是，本书认为，无论原告是被执行人还是债权人，其胜诉利益均应由全体债权人按债权比例平均分配（后文第六章第二节将详述）。因此，以原告完全胜诉之后所得分配额与原有分配方案所载明之分配额之间的差额作为收取案件受理的计算基数，将会导致其他债权人得到的胜诉利益部分没有被收取案件受理费用，在这个意义上，国家财政收入就相应地被减损了。对此，本书认为，在这个问题上应该坚持"两害相权取其轻"的原则，即应当优先考虑和照顾当事人的利益，对国家财政的损失则应当采取必要的容忍态度。其理由在于：从比例上看，在国家财政收入中，案件受理费只占非常小的一部分，参与分配异议之诉的案件受理费的占比则更是小之又小，因而，在迫不得已情况下承担部分案件受理费损失，对国家财政收入造成的影响极小；而对于原告而言，如果让其多承担了案件受理费，对其影响较大。

4.5 小结

本章研究的是参与分配异议之诉的起诉与审查程序，主要讨论了参与分配异议之诉的起诉前提要件的规范、诉讼请求的提出、法院的起诉审查以及案件受理费的收取。

由于参与分配异议之诉是衍生于参与分配执行程序的特殊民事诉讼，我国立法设置了异议前置程序并设定了一些其他的起诉前提要件。关于起诉前提要件，目前的规范存在着参与分配规范不完善、当事人提出异议和反对意见缺少规则约束、法院在参与分配异议程序中的地位过于消极等问题，可能产生较大的程序隐患。本书提出，要从以下方面完善参与分配异议之诉的起诉前提要件：第一，要完善债权人申请参与分配的程序，明确债权人申请参与分配的形式以及时间条件。第二，要完善法院制作分配方案的程序，明确法院制作分配方案的时间、分配方案的内容要素，要求法院对分配方案的制作依据进行充分展示，对理由进行充分说明。第三，完善当事人提出异议和反对意见的规则，要法定化异议事由，还要求当事人提出书面异议以及提出反对意见时必须说明理由。第四，要规定法院在当事人提出异议和反对意见过程中的审查、说明义务，设定法院审查异议的审查内容和要求，规定法院在审查反对意见时，要审查反对意见是否具有针对性；同时，还应限定法院向当事人通知异议和反对意见的时间及对象，要求法院在通知时一并将相关规定（特别是法律后果）告知被异议对象。

原告的诉讼请求是否恰当，关系到其诉求能否得到法院的支持。而原告的诉讼请求是否恰当，在本质上又取决于法院在原告胜诉时，在判决书主文中会如何进行表述。本章从原告提起诉讼的目的出发，解析了法院在原告胜诉判决中应当如何表述原来分配方案存在的问题以及如何致力于形成新的分配方案，并在此基础上指出，原告的第一项诉讼请求应当是请求法院判决减少被告分配额至××元，第二项诉讼请求是原告增加分配额至××元，第三项诉讼请求是判决生效后根据第一、二项请求对原分配方案进行修正，另外，原告还可以提第四项诉讼请求，即请求判令本案诉讼费用由被告承担。

在参与分配异议之诉中，法院对当事人的起诉应当进行必要的审查，对参与分配异议之诉采取立案审查制，是由执行程序的特殊性决定的，有利于有效遏制恶意诉讼，有利于保证后续审理程序的高质高效推进。在立案阶段，法院对当事人的起诉主要审查四个方面的内容：第一，诉讼主体。法院要审查原告是否适格、被告是否适格以及原告在起诉时是否列出了第三人。第二，起诉时限。法院对超过法定期限起诉的，一律裁定不予受理。第三，起诉事由。法院要保证原告的起诉事由必须是参与分配异议之诉的法定事由，且其起诉事由与其在异议程序中所提出的异议保持完全一致。第四，起诉材料。为了发起诉讼程序，原告必须在立案环节向法院提供必要的证据材料。同时，法院也要在立案环节畅通当事人的起诉权利救济渠道。

案件受理费制度在参与分配异议之诉的研究中受到的关注不多，其重要性明显被低估了。合理的案件受理费制度，有增加公共收入、保障当事人诉权、促进当事人选择其他纠纷解决渠道、防止诉讼案件增长过快、防止滥诉等制度效用。由于缺乏统一的制度规范，各地法院在案件受理费收取实践中做法不一、极为混乱。本书指出，案件受理费的统一规范，应当遵循两个步骤：第一，要统一案件受理费的收取标准，将参与分配异议之诉作为财产性案件而不是非财产性案件收取案件受理费；第二，要明确案件受理费的计算基数，以原告完全胜诉之后最终所得分配额与原有分配方案所载明之分配额之间的差额作为案件受理费计算的基数，摒弃以原告诉讼请求所涉及的异议金额作为参与分配异议之诉的案件受理费计算基数的不当做法。

5 民事执行参与分配异议之诉的诉讼程序

本章讨论参与分配异议之诉的诉讼程序中的四个重要问题，主要包括诉讼程序的整体性简化、共同诉讼形态的处置、当事人的攻击防御方法以及诉讼竞合的处理。

5.1 效率价值追求下的诉讼程序简化

参与分配异议之诉是由参与分配的执行程序衍生而来的，对诉讼效率的需求应当比普通的民事诉讼更强烈。因此，参与分配异议之诉应当适用更加简化的诉讼程序，实现案件的快审快结，尽快兑现当事人的权益。由于目前的制度并没有对参与分配异议之诉的程序作出不同于一般民事诉讼的特殊性规定，因此本书将对此展开讨论。

5.1.1 诉讼程序简化的正当性分析

5.1.1.1 简化诉讼程序的客观必要性

在当前司法的社会环境和制度环境下，对参与分配异议之诉的诉讼程序进行简化，有着客观必要性。

第一，简化诉讼程序是迅速解决执行程序衍生纠纷、快速推进执行的现实需求。由于执行程序对效率的要求明显要高于诉讼程序，因此，快速审结参与分配异议之诉，是执行程序效率性的内在要求。随着社会交往特别是经济交往的增多，社会主体交往的面更广、地域更宽、群体更复杂，涉及的利益特别是经济利益更多，这不仅导致社会纠纷数量激增，化解难度增大而且导致执行环节面临更多难以克服的困难。在这样的情况下，当事人即便赢了官司，在执行环节也要面对诸多的风险和不确定性。即使当事人取得了执行依据（或者对被执行人特定财产享有优先权、担保物权）并控制了被执行人的财产，也需要"快刀斩乱麻"，尽快执行到位，才能降低风险、减少不确定性。

第二，简化诉讼程序是遏制恶意诉讼意图的重要方式。不诚信的当事人可能通过种种途径来逃避债务，在诉前、诉中阶段，用尽拖延、逃脱之术，在执行阶段他们也可能将各种异议、复议、诉讼等程序的功能发挥到极致，千方百计让债权人的维权意图落空。在参与分配中，提起异议以及异议之诉，是被执行人甚至部分与被执行人串通的债权人躲避执行、拖延执行的"重要法宝"。遏制这种恶意诉讼，既需要加强法院在立案阶段对当事人起诉的审查，也需要简化诉讼程序，让当事人恶意提起的诉讼尽快得到裁决，尽快排除恶意诉讼对执行程序的干扰。

第三，简化诉讼程序是保护当事人权利的应然之举。近年来，法院为了解决执行中的难题，做出了大量努力，但不得不承认的是，"执行难"仍然是一个尚未根本解决的问题。一些法人、自然人或者其他社会组织为了躲避债务，可谓是"煞费苦心"，从合同的签订、执行或者其他社会交往到调解、诉讼乃至司法执行，各类不诚信、不守法的行为层出不穷，为与之交往的社会主体的维权之路设置了重重障碍。正是因为维权之路充满艰辛，我们在制度上更应该尽可能地为当事人维权提供便捷。简化诉讼程序对参与分配的原告和被告，都是利好（恶意诉讼者除外）。程序的简化意味着诉讼效率的提高，意味着双方的权利争端能够早日结束，自身的利益能够早日得到最终维护。

第四，简化诉讼程序是减轻法院工作压力的必然要求。改革开放以来，由于人口的增长、经济的发展、国家治理政策的变革、公民权利意识的增强，我国法院经历了"诉讼爆炸"，案件数量特别是民商事案件数量增长迅猛①。案件数量与日俱增，而法院办案能力却不可能在短期内实现快速提升，如果不采取简化诉讼程序的措施，法院将不堪重负。简化诉讼程序，将适当减少法院（法官）在具体个案中的资源投入，减轻法官的工作负担。

5.1.1.2 简化诉讼程序的现实可能性

简化参与分配异议之诉的诉讼程序，除了有客观必要性，也有现实可能性。

---

① 左卫民. "诉讼爆炸"的中国应对：基于 W 区法院近三十年审判实践的实证分析 [J]. 中国法学，2018（4）：238-260.

第一，虽然部分参与分配异议之诉的标的额可能会比较大，但总体而言，本诉的审理难度并不会特别大。从参与分配异议之诉的诉讼事由看，案件审理的焦点主要是被告是否具备参与分配资格、是否处于合理的分配顺位、分配比例及具体金额是否正确。关于被告是否具备参与分配资格，需要查明的主要问题包括被告是否具有执行名义，是否对被执行财产享有优先权、担保物权，是否其债权已经在参与分配前得到清偿。对于这些问题，只要有相关的法律文书或者证明文件，就可以迅速查清。关于被告是否处于合理的分配顺位，主要需要查明的是被告是否对被执行财产享有优先权、担保物权，也就是被告是否应当具有优先受偿权。而对于这个问题，要么是需要相关的登记证书作为证据，要么是相关的裁判文书即可证明，事实查明也并不困难。关于被告的分配比例和具体金额，事实查明更不存在太大问题，只要原告对被告的分配资格、分配顺位不持异议，分配比例和具体金额就只是单纯的计算问题，办案法官只需要进行简单的加减乘除，即可查明被告的分配比例和具体金额是否恰当。

第二，法院已经进行和正在进行的相关诉讼制度改革，为参与分配异议之诉的程序简化积累了经验。21 世纪初，部分地方法院就已经着手开展案件繁简分流改革，希望通过对部分案件的审理程序进行简化并对简单案件、复杂案件采取不同的处理程序来提高法院审判工作的整体效率，对此，最高人民法院以及学术界都给予了肯定性评价和支持[1]。为进一步优化司法资源配置，推进案件繁简分

---

① 王亚新. 司法效率与繁简分流 [J]. 中国审判，2010 (12)：12-13.

流、轻重分离、快慢分道，深化民事诉讼制度改革，提升司法效能，促进司法公正，2019年年底，全国人民代表大会常务委员会第十五次会议通过《全国人民代表大会关于授权最高人民法院在部分地区开展民事诉讼程序繁简分流改革试点工作的决定》，最高人民法院随后出台改革试点方案，此轮繁简分流改革，涉及小额诉讼程序、简易程序、扩大独任制等诸多程序简化的内容。有研究指出，简化审判程序也是地方法院提高司法效率的重要方式之一，而简化审判程序主要从两个方面入手：一是推行实质上的独任审判与减少合议审判；二是推广简易程序，包括小额诉讼程序的适用。这种改革减轻了法官四分之一的工作量，还让法官的办案上限提高了一半以上[①]。在简化诉讼程序方面，法院已经走了很长的路，有着较为丰富的实践经验。

5.1.2 诉讼程序简化的具体路径

参与分配异议之诉的诉讼程序简化应当是一个全方位的系统工程。换言之，应当从多方面同时入手对诉讼程序进行简化。具体包括：

第一，可以借鉴小额诉讼程序，对参与分配异议之诉实行一审终审。在司法实践中，法院在审理参与分配异议之诉案件时，二审法院采用普通程序审理，一审法院也都普遍采用普通程序审理。采用普通程序审理，意味着案件的审限更长，也意味着法院要组成合议庭进行审理，这将耗费法院大量的人力物力财力，也延后了债权

---

① 左卫民.“诉讼爆炸”的中国应对：基于W区法院近三十年审判实践的实证分析 [J]. 中国法学，2018（4）：238-260.

人获得分配的时限。正如前文所述，参与分配异议之诉的审理难度不是太大，案件事实的查明并不会像一般的民事诉讼一样有较大的困难。例如，对于被告是否具有参与分配的资格，如果被告要证明自己具有参与分配的资格，只需要提供相应的执行依据或者对被执行的财产享有优先权或担保物权，这些法律文件在被告提起或加入参与分配程序时就会提供给法院。此时，原告为了证明被告不具备参与分配资格，可能会提供被告债权已经得到清偿的证据材料，而这些证据材料如果真实存在，原告也可以立即提供。可见，参与分配异议之诉证据材料的收集和提供是极为简便的，法院对案件事实的查明也非常简单。因此，只要征得双方当事人同意，参与分配异议之诉完全可以实行一审终审。

第二，缩短当事人的举证期限。由于参与分配异议之诉的证据材料大都是可以即时提供的现成材料，当事人根本无需花费较多的时间和精力去收集证据。在这样的现实背景下，如果还是如普通民事诉讼一样给予当事人十五日的举证期，完全没有必要，同时，缩短举证期限，并不会损害当事人的合法权益。为了参与分配异议之诉诉讼程序的快速推进，可以将举证期限统一限定为七天。此外，在制度上，还可以鼓励法院采取更加灵活的方式来确定举证期限，例如，规定法院可以在征得当事人同意的情况下，确定更短的举证期限，甚至在立案当天就组织开庭审理。

第三，简化审判组织。参与分配异议之诉的审理难度不大，特别是当事实容易查清时，就没有必要组成合议庭进行审理，以此减少审判资源投入，避免合议庭合议等程序，加快案件办理进度。我们应当从制度上规定参与分配异议之诉一律适用简易程序进行审理，由法院实行独任审判。目前全国很多地方法院都设立了速裁庭或者速裁团队专门负责对速裁案件、简易案件的审理，参与分配异议之诉完全可以由速裁庭或者速裁团队法官甚至立案庭法官直接审理，以此提高案件审理的效率。鉴于参与分配异议之诉的特殊性，在当事人不愿意适用小额诉讼程序的情况下，二审法院在案件审理过程中也可以由法官独任审判，并采取"以独任审判为原则，当事人申请才组成合议庭审判"的模式来对案件的审判组织进行规定。

第四，缩短审理时限。根据现行《中华人民共和国民事诉讼法》的规定，民事诉讼普通审理时限是六个月，简易程序的审理时限是三个月。为了进一步缩短审理时限、提高执行工作效率，应当将参与分配异议之诉的审限确定为三十天，与小额诉讼程序的审理时限保持一致。

第五，简化庭审。简化庭审也是法院系统已经进行了诸多探索的领域。近年来，各地法院相继探索了"要素化审判"改革、推广庭前会议适用、事实查明与庭审辩论合一化改革等改革举措，给简化参与分配异议之诉的庭审奠定了基础、提供了借鉴。对于参与分配异议之诉的庭审规则，最高人民法院可以以司法解释的形式进行一些指引性规定，同时鼓励地方法院在司法实践中进行进一步探索，在保障当事人诉讼权利的基础上，最大限度地实现庭审的快速推进。例如，充分发挥庭前会议的作用，在正式庭审前组织诉讼双方召开庭前会议，处理回避、诉讼权利告知等程序性事项，明确双方争议焦点，组织双方进行证据交换。如此一来，庭审只需要针对双方争议焦点进行举证、质证和辩论，可以极大地提高庭审的质量和效率，大量的案件可以实现当庭宣判。

第六，推进裁判文书简化改革。简化裁判文书可以减少法官在裁判文书写作上耗费的精力，缩短案件审理总时间。强化裁判文书说理和简化裁判文书，是近年来全国法院系统同时在推进的两项改革。这两项改革看似方向相反、存在矛盾，实际上却并行不悖，因为其所针对的是两种不同类型的裁判文书。简单来说，对于比较复杂、双方争议很大的案件，应当强化裁判文书说理，让法官对外公示其内心确认过程；而对于比较简单、双方争议不大甚至没有实质性争议的案件，就应当化繁为简，简化裁判文书。事实上，在同一篇裁判文书中，对不同问题的处理和论述，也应当有所区别。简言之就是"当繁就繁，当简就简"：双方争议较大的复杂问题（无论是事实查明问题还是法律适用问题），应当加强论述和论证，对结论进行充分说理；简单、争议不大甚至没有争议的问题，就应当一笔带过。

5.2 共同诉讼形态

在司法实践中，有可能出现一个原告起诉多个被告、多个原告起诉一个被告、多个原告起诉多个被告的情形，这就可能涉及共同诉讼的问题。

5.2.1 共同诉讼性质的理论争议

根据《中华人民共和国民事诉讼法》第五十二条之规定，当事人一方或者双方是两人以上的，诉讼标的是同一的或者是同一种类、法院认为可以合并审理并征得当事人同意的，是共同诉讼。在理论上，共同诉讼又可以分为必要共同诉讼和普通共同诉讼，前者是指诉讼标的是同一的共同诉讼，后者是指诉讼标的是同一种类的共同诉讼。对于必要共同诉讼，学术界又有人将其细分为固有必要共同诉讼和类似必要共同诉讼。固有必要共同诉讼是指当事人必须一起起诉或者应诉，否则其起诉将会因当事人不适格而不合法；类似必要共同诉讼是指当事人可以分别起诉或者应诉，但一旦一同起诉或者应诉，案件必须受到合一审理①。类似必要共同诉讼目前更多的是一种理论上的探索，立法上并没有相应的回应，但在司法实践中得到了采行②。由此，在理论上，民事诉讼中的共同诉讼实际上可以划分为固有必要诉讼、类似必要诉讼和普通共同诉讼。

具体到参与分配异议之诉，对其共同诉讼的理论解读，存在较大争议。关于共同诉讼，日本学术界认为参与分配异议之诉的共同诉讼在性质上应当属于普通共同诉讼，其理由如下：第一，对于原告为债权人的情况，判决只有相对效力，判决效力并不能及于其他债权人；第二，对于原告为债务人的情况，判决虽然具有绝对效力，但原告可以自由撤回异议，而且各个被告债权人之间的争议点也并不相同③。我国学术界对参与分配异议之诉的共同诉讼，有两种学理解释，一种是认为参与分配异议之诉的所有共同诉讼都属于类似必要共同诉讼④，另一种是区分不同的情况对共同诉讼的性质进行界

---

① 刘颖. 分配方案异议之诉研究 [J]. 当代法学, 2019 (1)：40-50.
② 蒲一苇. 诉讼法与实体法交互视域下的必要共同诉讼 [J]. 环球法律评论, 2018 (1)：39-50.
③ 刘颖. 分配方案异议之诉研究 [J]. 当代法学, 2019 (1)：40-50.
④ 刘颖. 分配方案异议之诉研究 [J]. 当代法学, 2019 (1)：40-50.

定。后一种界定方法中，又出现了两种不同的观点：一种观点认为，参与分配异议之诉存在三种不同情况，即一个原告起诉多个被告的共同诉讼应当是类似必要诉讼，多个原告起诉一个被告的共同诉讼应当是普通共同诉讼，多个原告起诉多个被告的则不应是共同诉讼，应当由同一个合议庭分开进行审理①；另一种观点认为，要区分四种情况，即多个原告基于同样的诉讼事由起诉一个被告的共同诉讼应当是准必要共同诉讼，一个原告起诉多个被告的共同诉讼应当是普通共同诉讼，多个原告基于不同的诉讼事由起诉同一个被告的不是共同诉讼，多个原告基于不同诉讼事由对多个被告提出的共同诉讼是普通共同诉讼②。由此可见，学术界对于参与分配异议之诉共同诉讼的理论界定，存在极大争议。正确界定哪些情况是共同诉讼（即哪些情况可以或者应当合并审理），合理界定共同诉讼的性质，不仅可以终结理论上的认识混乱，而且对参与分配异议之诉的相关制度安排具有重要意义。

5.2.2 共同诉讼的识别与性质界定

由于对共同诉讼性质的认定要基于对诉讼标的的识别，因此，认定参与分配异议之诉共同诉讼的性质必须要厘清在当事人一方或双方是多人的情况下，其诉讼标的是同一的还是同一种类的。正如前文所指出的，参与分配异议之诉的标的是异议权，即原告对被告参与分配资格、参与分配顺位、参与分配的比例和具体金额提出异

---

① 楼常青，楼晋. 民诉执行程序中分配方案异议之诉的运作 [J]. 上海政法学院学报（法治论丛），2012（1）：123-130.

② 廖浩. 执行分配方案异议诉讼之解释论研究：以法律方法为视角 [J]. 研究生法学，2013（1）：31-36.

议的权利。由此观之，参与分配异议之诉的诉讼标的是原告向被告独立行使的异议权，即便是多个原告起诉一个被告且诉讼事由完全相同，每一个原告也是在独立行使异议权。在性质上，诉讼标的是同一种类的而不是同一的。因此，如果参与分配异议之诉有共同诉讼的情况存在，也不可能是必要共同诉讼，而只可能是普通共同诉讼。

普通共同诉讼与必要共同诉讼的主要区别就是，普通共同诉讼并不是必须要合并审理的。从制度功能来讲，对于标的是同一种类的多个诉讼，是否需要以普通共同诉讼来对案件进行合并审理，主要的判断标准是是否只能通过合并审理才能避免裁判矛盾以及提高诉讼效率。由此，我们可以对参与分配异议之诉的共同诉讼进行识别，即识别在哪些情况下才能构成普通共同诉讼。具体情况阐释如下：

第一，关于多个原告基于同样的诉讼事由起诉同一个被告的情况。例如，甲、乙都认为丙的债权不属于建设工程优先受偿权，不应优先受偿，并分别起诉丙。在这样的情况下，甲与丙的案件、乙与丙的案件的诉讼标的是同一种类的，两个案件当事人的攻击防御方法基本一致，证据大致相同，合并审理无疑可以提高诉讼效率，同时还能避免矛盾裁判。因此，针对这种情况，法院完全可以将案件合并审理，成为普通共同诉讼。

第二，关于多个原告基于不同的诉讼事由起诉同一个被告的情况。例如，甲起诉丙的诉讼事由是丙不具备优先受偿权，乙起诉丙的诉讼事由是丙的分配比例和具体金额存在问题。我们可以发现，甲与丙的案件、乙与丙的案件的诉讼标的不属于同一种类，合并审理既不能提高诉讼效率，又不能避免裁判矛盾，甚至还可能造成审理程序混乱。这种情况不符合普通共同诉讼的要求，不能进行合并审理。为了避免引起裁判矛盾，对于此类情况，当事人应当确定同一个审判组织对这些案件进行审理。

第三，关于同一个原告起诉不同被告的情况。例如，甲起诉乙和丙不具备参与分配资格、起诉丁不具备优先受偿权。不难看出，甲、乙之间的案件与甲、丁之间的案件，诉讼标的并不是同一种类的，显然不符合共同诉讼标准。甲、乙之间的案件与甲、丙之间的案件，虽然诉讼标的是同一种类的，但甲是分别起诉的乙和丙，诉讼的争议焦点、证据等都不一致，即便合并审理，无论是开庭（包括举证质证、辩论、最后陈述）还是写作裁判文书，都依然需要分别进行，既不能提高诉讼效率，又不能防止裁判矛盾，也不符合共同诉讼标准。因此，同一个原告起诉不同被告，不属于共同诉讼的情形。

第四，关于多个原告分别起诉多个被告的情形。例如，甲起诉乙不具备参与分配资格，丙起诉丁参与分配的顺位不合理。如果诉讼的原、被告都不相同，根本不具备共同诉讼的基础条件；即便各诉的原、被告有交叉重合，合并审理也不具备提高效率和防止矛盾裁判的功能，合并审理纯属节外生枝。因此，这种情形也不应被界定为普通共同诉讼。

本书的分析表明，在参与分配异议之诉中，只有多个原告基于同样的诉讼事由起诉同一个被告的情形才能进行合并审理，其他一方或双方都是多个当事人的任何情形都不宜进行合并审理。在性质上，多个原告基于同样的诉讼事由起诉同一个被告的共同诉讼，应当界定为普通共同诉讼，因为诉讼标的仅仅是同一种类而并不是同一个。既然是普通共同诉讼，只要法院认为没有必要进行合并审理或者当事人不同意进行合并审理，这些案件就可以单独进行审理。在单独审理的情况下，为了避免裁判矛盾和保证审判效率，当事人应当确定同一个审判组织审理这些案件。

5.3　公正价值追求下的当事人攻击防御方法之规范

正如前文所述，在参与分配异议之诉中，债权人或被执行人可以向其他债权人提起诉讼的诉讼事由主要包括对其他债权人的参与分配资格、参与分配顺位、参与分配的比例及具体金额提出异议。然而，这里仍有两个问题需要解决：第一，原告的诉讼事由是否必须与参与分配异议中的异议事由保持完全一致，换言之，原告是否可以变更或者增加新的事由；第二，如果被告参与分配时已经取得执行依据，原告能否主张被告所持执行依据之既判力基准时之前的事由。下面分别论述之。

5.3.1　原告变更诉讼事由之处置

原告在参与分配异议程序中提出了异议的事由，在参与分配异议之诉中又会提出诉讼事由，异议属于起诉的前置程序，诉讼事由是否必须与异议事由完全一致呢？在参与分配异议之诉中，原告是否可以提出新的事由？这在制度上尚未进行规定，在理论上也存在争议。有论者认为，应当允许原告在异议之诉中主张另外的事由，因为只要当事人所主张的事由是发生口头辩论终结之前，法院都应当斟酌考虑，以便一次性解决纠纷、实现当事人的权利救济①。

在理论上，诉讼事由未与异议事由保持完全一致，应当包含三种情况：一是诉讼事由相比异议事由有所减少，二是诉讼事由相比异议事由有所增加，三是诉讼事由在数量上没有变化但在内容上对原来的异议事由进行了变更。事实上，原告要么是对被告参与分配资格提出异议，要么是对被告的参与分配顺位提出异议，要么是对被告的分配比例和具体金额有不同意见，而且只可能是其中之一，不可能会同时提出上述两种以上的事由；即便同时提出，法院也应当对其进行释明，要求其选择其中一种作为诉讼事由，其拒不作出选择的，法院应当裁定不予受理或者驳回起诉。因此，诉讼事由相比异议事由发生的变化，只可能存在两种情况，即要么减少，要么变更。对于减少的情况，由于诉讼事由只能有一种，再减少就意味着原告撤回了诉讼事由，其起诉也就失去了原因事实，应当视为其撤回起诉并撤回异议。对于变更的情况，本书赞同前述学者的观点，即应当允许原告在诉讼程序中对异议事由进行变更。比如，原告以被告参与分配顺位不对提出异议，进入起诉阶段后，又将异议的事由变更为被告不具备参与分配资格，此时，法院应当允许原告作出这一变更。其理由在于：第一，原告在提出参与分配异议之后，完全可能发生新的、足以改变法院制作的原分配方案的情形。比如，原告在异议程序中原本是对被告债权人的分配顺位提出了不同意见（主要是认为被告债权人不应具有优先分配资格），但在原告提出异

---

① 廖浩. 执行分配方案异议诉讼之解释论研究：以法律方法为视角 [J]. 研究生法学，2013（1）：31-36.

议之后，被执行人以其他财产清偿了对被告债权人的债务，此时，被告债权人显然就已经不具备参与分配的资格了，原告当然可以在诉讼中将原来的异议事由变更为对被告债权人的参与分配资格的异议。第二，允许原告变更事由有利于一次性解决当事人之间的纷争，并且不会损害被告的诉讼权利。执行程序本就艰难而充满不确定性，参与分配程序中的异议及异议之诉又可能会进一步拖长执行的工作时间，因而，尽量快速解决、一次性解决参与分配程序中当事人之间的纷争，应当是我们的制度追求。由于参与分配异议之诉的案件审理难度并不是特别大，当事人收集证据的难度一般也小于普通诉讼（本诉的证据材料本来就不会太多），因此，即便原告在诉讼中变更了异议事由，也基本不会造成诉讼突袭、影响被告的诉讼权利。

5.3.2　被告所持执行依据既判力之辐射范围

既判力是指判决在实体上对于法院以及当事人所具有的强制性法律效力，在判决之后，当事人不能就判决已经确定的法律另行提起诉讼，也不能在其他诉讼当中就同一法律关系提出与该判决相矛盾的诉讼主张，同时，法院也不能再作出与该判决相矛盾的判断①。关于既判力，有三个方面的问题需要进行明确：第一，既判力的基准时。既判力的基准时，是指已确定判决的既判力作用的时间界限，也称为既判力的时间界限或既判力标准时②。和法院具有强制性法律效力。一般认为，既判力的标准时是在当事人庭审辩论结束时，即在庭审辩论结束前已存在但当事人并未主张的事由，当事人不得再

---

① 江伟. 民事诉讼法专论［M］. 北京：中国人民大学出版社，2005.
② 张卫平. 民事诉讼法［M］. 北京：法律出版社，2019.

在后续的诉讼中进行主张（除非当事人基于合理原因并不知晓这些事实的存在，才可以通过再审推翻原判决），庭审辩论结束后新产生的事实则不属于既判力的约束范围①。第二，既判力的约束对象。既判力理论认为，判决的既判力只能约束诉讼参加人，一般不能及于与诉讼无关的第三人。这是因为如果允许判决约束第三人，则意味着第三人在不能参与诉讼，不能提出相应的证据、发表相应的意见的情况下，可能要接受于己不利的判决结果，这显然侵犯了第三人的诉讼权利和实体权利②。第三，既判力的主体。判决一般包括主文、事实认定、裁判理由。传统司法实践认为，只有判决书的主文所指向的内容才具有既判力，判决理由和判决所认定的事实一般不产生既判力③。但是，判决所认定的事实如果全部没有既判力，将可能导致后续诉讼动摇前诉的基础，损害司法权威。为了解决这一问题，日本学者提出了争点效理论，认为在前诉当事人作为主要争点进行争执而法院也进行了审理和判断的事实，也对后续诉讼具有既判力④。这一观点逐渐得到了法律界的广泛赞同。

根据前述理论分析，对于被告参与分配时已经取得执行依据，原告能否主张被告所持执行依据之既判力基准时之前的事由的问题，我们可以得出如下答案：

第一，如果原告是被执行人，其作为原诉当事人，要受到原判决既判力的约束。对于在基准时之前的事实，原告被执行人在后续

---

① 中村英郎. 新民事诉讼法讲义 [M]. 陈刚，林剑锋，郭美松，译. 北京：法律出版社，2001.

② 翁晓斌. 论既判力及执行力向第三人的扩张 [J]. 浙江社会科学，2003 (3)：66-72.

③ 汉斯—约阿西姆·穆泽拉克. 德国民事诉讼法基础教程 [M]. 周翠，译. 北京：中国政法大学出版社，2005.

④ 新堂幸司. 新民事诉讼法 [M]. 林剑锋，译. 北京：法律出版社，2008.

的任何时候都不得进行主张；对于在基准时之后发生的事实，原告被执行人可以提起再审、推翻原判决。为了执行程序的顺利推进，在再审推翻原判决之前，原告被执行人不得以已提起再审程序为由提起参与分配异议和异议之诉、阻碍执行。

第二，如果原告是债权人，则情况稍微更复杂一些。由于原告债权人并不是被告债权人与被执行人之间原来诉讼的当事人，原来诉讼判决的既判力一般并不能约束原告债权人，因此，原告债权人可以对基准时之前的事实在后诉中进行主张。然而，从原诉判决既判力主体来分析就可以发现，原告债权人要想在参与分配异议之诉中直接推翻原诉判决的主文和认定的主要事实，是非常困难的：其一，对于原判决所认定的主要事实，根据 2019 年修订的《最高人民法院关于民事诉讼证据的若干规定》第十条之规定，法院生效判决、仲裁机构生效裁决所确认的基本事实属于"当事人无须举证证明"的免证事实，只要没有相反证据足以推翻，是很难被后诉判决所否决的。要推翻原判决认定的主要事实，原告债权人的举证难度非常大。其二，对于原判决的主文，参与分配异议之诉并不能直接予以推翻。参与分配异议之诉是由参与分配执行程序衍生出来的救济性诉讼，其无法承担撤销被告债权人与被执行人原来判决的制度功能。原告债权人如果认为被告债权人与被执行人原来判决系虚假诉讼并侵害了自己的合法权益，只能通过第三人撤销之诉来寻求权利救济。

5.3.3　举证责任分配

参与分配异议之诉的举证责任，应当按照一般的举证责任分配原则，即谁主张谁举证。具体来说，原告应当对被告不具备参与分配资格、参与分配顺位不对、分配比例和具体金额不对承担举证责任，而被告可以举证证明相反的事实甚至无须举证。债权人申请参与分配，必须向法院提供相应的证明文件才能为法院允许，比如向法院提供执行依据或者对被执行财产享有优先权、担保物权的证明文件。换言之，债权人能够进入参与分配程序、取得参与分配资格，都是提供了证据并经过法院审查了的；从另一个角度看，法院制作的分配方案都是有相应的证据作支撑的。在这样的情况下，参与分配程序中的债权人或被执行人要证明其他债权人不具备参与分配资格、参与分配顺位不对、分配比例和具体金额不对等事实，必须提供足以证明其主张的证据。因此可以说，在参与分配异议之诉中，处于防御方的被告债权人，在证据和举证证明方面，一开始就处于比较有利的地位。由于被告债权人参与分配的依据已经经过法院的审查和许可，其已经初步证明了参与分配的资格、分配顺位等情况，因此，如果其认为原告提出的证据并不足以推翻其在参与分配程序中的地位，完全可以不进行举证。

5.4　诉讼的竞合

在实践中，参与分配异议之诉还可能面临诉讼竞合的问题。具体来说，参与分配异议之诉可能面临的诉讼竞合是其与债务人异议之诉的竞合以及与第三人撤销之诉的竞合。

5.4.1 与债务人异议之诉的竞合

债务人异议之诉是指债务人主张执行名义所示之请求权，存在消灭或者妨碍债权人请求之事由，因而提起诉讼，请求法院判决不予执行，以排除执行名义的执行力。在执行依据所载明的权利状态和实际的权利状态不一致或者有其他阻止债权人行使请求权的事由时，债务人可以提起本诉，通过判决来排除执行依据的执行力，以保护自身的合法权益①。建立债务人异议之诉，对保护债务人（被执行人）的合法权益具有非常重要的意义。我国虽然还没有全面建立债务人异议之诉的制度，但是已经有了初步的尝试。根据 2018 年最高人民法院出台的《关于公证债权文书执行若干问题的规定》第二十二条之规定，有如下情况的，债务人可以在执行程序终结前以债权人为被告，向执行法院提起诉讼：一是公证债权文书载明的权利义务关系与事实不符的；二是公证的债权文书有无效、可撤销等情形的；三是公证债权文书载明的债权因清偿、提存、抵销、免除等原因全部或者部分消灭的。因此，就目前而言，在债权人以公证债权文书作为执行依据的部分情况下，被执行人可以提起债务人异议之诉。在参与分配程序中，在被执行人可以提起债务人异议之诉的情况下，其又可以提起参与分配异议之诉，由此出现诉讼竞合的问题。

需要注意的是，参与分配异议之诉与债务人异议之诉存在如下两个区别：第一，诉讼事由不完全一致。债务人异议之诉主要解决

---

① 范向阳. 执行异议之诉的规则与裁判 [M]. 北京：人民法院出版社，2019.

的是被告债权人是否具有参与分配资格以及具体金额是否恰当的问题，不能直接解决被告债权人参与分配顺位问题，这与参与分配异议之诉存在区别。第二，起诉对执行程序的影响不同。被执行人提起债务人异议之诉后，执行程序并不能当然停止，被执行人提供担保且得到法院准许后方可停止。而参与分配异议之诉将导致诉讼所争议债权数额相应的款项会被提存，即会产生暂停执行的效果。从这两个区别来看，一般来说，被执行人选择提起参与分配异议之诉会更有利。

本书认为，在参与分配异议之诉与债务人异议之诉竞合的情况下，原告被执行人只能选择其中之一作为维权途径。也就是说，如果被执行人已经先期提起了债务人异议之诉，就不应当允许其再提起参与分配异议之诉；反之亦然。因为在原、被告双方争议事实完全一致的情况下，允许原告被执行人重复起诉将浪费司法资源，延缓执行程序，也增加了当事人的诉讼负担，同时还可能出现裁判矛盾等问题。选择的唯一性也意味着，原告被执行人在参与分配异议之诉或债务人异议之诉败诉后，不得另行提起诉讼。那么，与此相对应，如果被执行人已经先行提起了债务人异议之诉，其甚至就不能再提起参与分配异议了。

5.4.2 与第三人撤销之诉的竞合

在司法实践中，被执行人为了逃避债务，与相关社会主体进行勾连、制造假债权债务关系并取得生效法律文书的情况屡见不鲜，虚假诉讼一直是一个难以解决的"老大难"问题。制造虚假债权债务关系和虚假诉讼，对真正债权人的合法权益造成了极大伤害，应当为债权人设置必要的救济渠道。《中华人民共和国民事诉讼法》第五十六条第三款设置了第三人撤销之诉，为案外人因生效裁判受到权利损害提供了救济途径；《民诉解释》第二百九十二条至三百零一条又对第三人撤销之诉进行了更为详尽的规定。

债务人异议之诉是为被执行人设置的救济渠道，而第三人撤销之诉是为债权人设置的救济渠道。在功能上，债务人异议之诉与参与分配异议之诉是竞争关系，原告被执行人在选择救济渠道时，只能在两者中选择其一；而第三人撤销之诉与参与分配异议之诉则更多的是一种相互协调配合的关系，在参与分配程序中，原告债权人需要同时用好两者的功能来维护自身的合法权益。正如前文所述，参与分配异议之诉不能直接对执行依据确认的债权事实进行实体审查，因为：第一，在我国的司法传统中，"裁判效力相对性"的观念还难以真正为社会公众所接受；第二，如果允许参与分配异议之诉直接审查执行依据中确认的债权事实，可能产生同案不同判的结果，特别是在前后判决由同一个法院作出的情况下，更是难以被社会公众所接受；第三，免证事实也应当作区分，执行依据确认的"非关键性"并不当然构成免证事实①。因此，如果债权人认为其他债权人据以参与分配的执行依据系虚假诉讼的结果，其不能直接仅仅通过参与分配异议之诉来达到排除其他债权人参与分配的目的，而必须依靠第三人撤销之诉来达到维权目的。

在司法实践中，参与分配异议之诉和第三人撤销之诉可能存在共存的情况：一是原告债权人先行提起参与分配异议之诉，然后再

---

① 贺荣. 司法体制改革与民商事法律适用问题研究 [M]. 北京：人民法院出版社，2015：61-63.

提起第三人撤销之诉；二是原告债权人先行提起第三人撤销之诉，然后再提起参与分配异议之诉。在第一种情况下，原告债权人提起了参与分配异议之诉，但由于参与分配异议之诉无法对被告债权人据以参与分配的执行依据进行直接审查，其只能再次向执行依据审理法院提起第三人撤销之诉。第三人撤销之诉立案之后，参与分配异议之诉的审理法院只能根据原告债权人的申请或者依职权中止案件审理，待第三人撤销之诉的判决结果出来后，再根据该判决结果作出相应判决。为了提高审判程序和执行程序的效率，应当规定，在原告债权人以其他债权人的执行依据系虚假诉讼结果为由提起参与分配异议之诉的情况下，法院必须要求原告债权人限期提起第三人撤销之诉并及时告知；原告债权人逾期不提起第三人撤销之诉的，应当判决驳回其诉讼请求。在第二种情况下，原告债权人先行提起了第三人撤销之诉，其可以以判决结果尚未出来为由，在参与分配程序中提起参与分配异议以及异议之诉，达到提存争议款项之效果；参与分配异议之诉立案后，法院也将根据原告债权人的申请或者依职权中止案件审理，等待第三人撤销之诉的判决结果并据以作出判决。因此，在原告债权人同时提起参与分配异议之诉和第三人撤销之诉的情况下，参与分配异议之诉只能中止审理，并以第三人撤销之诉的结果作为本诉的判决依据。

5.5 小结

本章研究了参与分配异议之诉的诉讼程序中的几个重要问题，即诉讼程序的简化、共同诉讼的识别与性质界定、当事人的攻击防御方法和诉讼竞合的具体处置。

参与分配异议之诉的诉讼程序简化是具有相当的正当性的：从客观必要性上看，简化诉讼程序是迅速解决执行程序衍生纠纷、快速推进执行程序的现实需求，是遏制恶意诉讼意图的重要方式，也是保护当事人权利的应然之举；从现实可能性上看，参与分配异议之诉的审理难度并不会特别大，法院已经进行和正在进行的相关诉讼制度改革为简化参与分配异议之诉的诉讼程序积累了经验。在实现路径上，简化参与分配异议之诉主要可以从以下方面入手：一是借鉴小额诉讼程序，实行一审终审；二是缩短当事人的举证期限；三是简化审判组织；四是缩短审理期限；五是简化庭审；六是推进裁判文书简化改革。

关于参与分配异议之诉的共同诉讼，学术界有多种不同的界定方法和结论。本书经过分析认为，在参与分配异议之诉中，只有多个原告基于同样的诉讼事由起诉同一个被告的情形才能进行合并审理，其他一方或双方都是多个当事人的任何情形都不宜进行合并审理。在性质上，多个原告基于同样的诉讼事由起诉同一个被告的共同诉讼，应当界定为普通共同诉讼。既然是普通共同诉讼，只要法院认为没有必要进行合并审理或者当事人不同意进行合并审理，这些案件就可以单独进行审理。在单独审理的情况下，为了避免裁判矛盾和保证审判效率，当事人应当确定同一个审判组织审理这些案件。

在当事人的攻击防御方法这一节，本书主要讨论了三个问题，即原告变更诉讼事由之处置、被告所持执行依据既判力之辐射范围以及举证责任的具体分配。在原告变更诉讼事由的处置方面，如果其减少诉讼事由，则意味着其撤回起诉并撤回异议；如果其变更了诉讼事由，则法院应当予以准许，以便一次性解决当事人之间的纷争。在被告所持执行依据既判力之辐射范围界定方面，如果原告是被执行人，其可以对于基准时之后发生的事实提起再审、推翻原判决，但对基准时之前的事实则在任何时候都不得再行主张；如果原告是债权人，其不能通过参与分配异议之诉推翻被告债权人所持之执行依据，而只能通过在参与分配异议之诉之外再提起第三人撤销之诉来寻求权利救济。参与分配异议之诉的举证责任应当与普通民事诉讼保持一致，即坚持谁主张谁举证的原则，原告必须举出充分的证据证明其主张，被告则既可以举证以维护自身权益，也可以无须举证。

参与分配异议之诉可能存在与债务人异议之诉、第三人撤销之诉的竞合。本书认为，在参与分配异议之诉与债务人异议之诉竞合的情况下，原告被执行人只能选择其中之一作为维权途径；换言之，如果被执行人已经先期提起了债务人异议之诉，法院就不应当允许其再提起参与分配异议之诉；反之亦然。而第三人撤销之诉与参与分配异议之诉则更多的是一种相互协调配合的关系，在参与分配程序中，原告债权人需要同时用好两者的功能来维护自身的合法权益；

在原告债权人同时提起参与分配异议之诉和第三人撤销之诉的情况下，参与分配异议之诉只能中止审理，并以第三人撤销之诉的结果作为本诉的判决依据。

6 民事执行参与分配异议之诉的裁判与后续事项的处置

裁判是诉讼的最后环节，也是当事人最为关注的诉讼环节。裁判代表着法院对当事人之间纷争的最终裁定，决定着当事人之间利益的最终划分。本章是对参与分配异议之诉裁判以及后续事项处置的研究，主要讨论本诉不同情形下的裁判形式及其后果、判决的效力及原告胜诉利益的分配，以及分配程序终结后当事人再提起不当得利返还诉讼的处理。

6.1 不同情形下的裁判形式及其后果

在不同的情形下，法院应当对参与分配异议之诉分别采取相应的裁判形式，而这些形式不同的裁判，将随之产生截然不同的法律后果。对不同形式下的裁判形式及其法律后果进行分析，有利于我们厘清认识上的误区，对推进诉讼制度完善、保证案件正确审理有着十分重要的意义。

6.1.1 诉不合法

参与分配异议之诉不同于普通的民事诉讼，它对原告的起诉有着一系列特殊的要求。如果原告的起诉不符合一般诉讼的要求和本身的特殊要件，法院应当裁定不予受理；已经受理后发现诉不合法的，法院应当裁定驳回其起诉。具体而言，原告的起诉不合法的情况有以下三类：

第一，起诉逾期。对参与分配异议之诉，各国都为原告起诉设定了期限。比如，德国《民事诉讼法》第八百七十八条规定，如债权人对分配计划书有异议，应在该期日起一个月内向法院提出自己已向有关债权人提出诉讼的证明。日本《民事执行法》第九十条规定，有异议的债权人需在分配期日起一周内起诉持反对意见的债权人或者债务人，并向分配法院提交起诉证明。我国《民事解释》为原告提起诉讼设置的期限是收到反对意见之日起十五日内。如果债权人或被执行人在法定期限届满未起诉的，其就丧失了起诉权利；对于这种情况，应当视为其已经撤回了异议，法院执行部门可以按照原来的分配方案对执行财产进行分配。

第二，诉状中的当事人不适格。当事人不适格可能存在三种情况：一是原告不适格。在参与分配异议之诉中，债权人或被执行人都可以作为原告，但是，正如前文所述，只有当自己的实体权益受到分配方案损害且能够通过参与分配异议之诉获取救济的债权人或被执行人，才是本诉的适格原告。举例而言，如果处于前面顺位的债权人对处于后面顺位的其他债权人提起参与分配异议之诉，由于其没有诉的利益，其起诉就不应当被法院所受理。二是被告不适格。本书在第 3 章即明确提出，被执行人不能就债权人提起的参与分配异议提出反对意见，也就不能作为本诉的被告参与诉讼。而只有异议人的异议所针对的、且对异议提出明确反对意见的债权人，才是本诉的适格被告。若原告起诉的被告是被执行人或没有提出反对意见的其他债权人，则属于起诉的被告适格。三是原告在诉状中列出了第三人。本书第 3 章也指出，在参与分配异议之诉中，客观上不应存在第三人。如果原告的诉状中出现了第三人，法院应当责令原告改正，拒不改正的，以当事人不适格为由不予受理或者驳回其起诉。

第三，诉讼事由不符合法定要求。本书在第 3 章中已经阐明，参与分配异议之诉的诉讼事由只能针对被告的参与分配资格、参与分配顺位、参与分配的比例和具体金额不恰当，而不能是其他事由。如果原告以其他事由起诉，也应当被认定为诉不合法。

那么，在法院裁定不予受理或者裁定驳回起诉后，原告是否可以再次提起诉讼？本书认为，在起诉被裁定不予受理或被驳回之后，原告仍然可以再行提起诉讼。换言之，只要原告再次起诉的当事人适格、诉讼事由合法且再次起诉尚未超过法定的期限，其起诉应当被法院所受理。在实践中应当注意的是，法院裁定不予受理原告起诉或者驳回其起诉后，并不意味着在任何情况下都可以直接开始按照原来的分配方案进行分配，而是应当格外注意审查原告的起诉期限是否已经届满。如果起诉期限已经届满，法院执行部门自然可以按照原来的分配方案继续进行分配；如果起诉期限尚未届满，则法院执行部门必须要等到期限届满后才可以按照原来的分配方案进行分配。

6.1.2　诉无理由

法院经过审理，认为原告针对被告债权人所提出的异议不成立的，应当判决驳回其诉讼请求。原告诉讼请求被驳回后，法院应当按照原来的分配方案对执行财产进行分配。这里的"诉无理由",是对原告针对被告债权人所提起的参与分配异议之诉而言的,并不意味着原告的异议在事实上绝对不成立,也不意味着在本诉结束后乃至参与分配程序结束后原告不能再通过提起不当得利返还诉讼等方式寻求权利救济。

在参与分配异议之诉中,被告债权人在申请参与分配时已经提交了相应的证明材料且证明材料经过了法院的审查,在证据上占有先发优势。同时,由于时间紧迫、信息不对称等原因,原告在证据收集上天然处于不利地位:第一,如果原告是被执行人,其被执行人的地位可能源于两个方面的原因,即要么是其自身与被告债权人之间存在直接的交往,产生了直接的权利义务关系,要么是其因为"受牵连"(如夫妻共同债务、提供担保)而背负债务。在前者情况下,由于其与被告债权人之间存在直接往来,双方基本都会拥有相互间交往的证据,被告债权人如果毫无根据,是不会参与到参与分配程序中来的,因为其"欺诈"行为非常容易被被执行人揭穿;从反面推导,被告债权人"敢"申请参与分配,一般都是自认为拥有较为坚实的证据基础,原告要想赢得参与分配异议之诉,是比较困难的。在后者情况下,原告被执行人可能并不十分清楚被告债权人取得据以参与分配的执行依据或者其他证明文件是如何产生的,也不是十分清楚被告债权人与执行依据或其他证明文件指向的相对人(如夫妻另一方、被担保人)之间权利义务关系的产生及具体交往的详细情况,在举证上面临更大的困难。第二,如果原告是债权人,其对被执行人与被告债权人之间的权利义务关系的产生及具体交往的详细情况一般也是难以知晓的。比如,若被执行人与被告债权人进行虚假诉讼、逃避债务，作为局外人的原告债权人就难以知道详情。因此，总体来讲，在参与分配异议之诉中，原告举证的难度和胜诉的难度都是比较大的，在其无法提供充分证据证明其主张时，法院将以诉无理由驳回其诉讼请求，但参与分配异议之诉的败诉，并不意味着被告债权人的参与分配资格、分配顺位、具体比例和金额在事实上就一定是完全没有问题的。一言以蔽之，原告败诉更多的是证据问题而非事实问题，在参与分配结束后，原告债权人依然可以通过其他途径再次进行权利救济。

6.1.3 诉有理由

经过审理，审理法院如果认为原告的起诉有理由或者部分有理由，应当判决支持或部分支持原告的诉讼请求，即减少被告债权人参与分配的金额甚至取消被告债权人参与分配资格，增加原告债权人的分配金额，诉讼费用部分或全部由被告债权人负担。同时，法院还应当在判决书主文中明示"本院将在判决生效之日起十日内对分配方案进行修正"，作为法院执行部门重新制作分配方案的依据。对于原告的胜诉利益如何分配的问题，学术界存在很大争议，各个国家或地区的制度规范和司法实务采取了不同的处理方式，对于这一问题，本书将在本章第二节进行详细讨论。无论原告胜诉利益如何分配，根据不告不理的原则，参与分配异议之诉的判决书（包括调解书）都不能直接对未参加诉讼的其他债权人或被执行人的权利义务进行干预；这也是变更或重新制作分配方案只能由法院执行部门操作，而不能由审判部门在判决书中直接作出的重要原因之一。虽然德国法和日本法都规定了审判法院可以直接在判决书中对分配方案进行变更或重新制作，但在我国，法院审判部门还是不宜直接在判决书中对分配方案进行变更或重作，将变更或重新制作分配方案的权力交由执行部门，是一个更合适的选择。

那么，此时又出现了一个新的问题，即法院执行部门根据参与分配异议之诉判决书重新制作分配方案之后，当事人能否再针对新的分配方案提起参与分配异议及异议之诉？由于在参与分配异议之诉进行过程中，法院只需要提存与争议债权数额相应的款项，对执行财产的其他部分并不会停止执行，因此，此处所谓的对新的分配方案的异议只是指参与分配异议之诉的判决书所指向的执行财产部分的异议。

第一，对于参与分配异议之诉原、被告之外的债权人和被执行人，由于他们并没有在参与分配中以提出异议或反对意见的方式表达自己对其他参与分配当事人的不满，应视为其已经认同了原来的分配方案或者认同了其他债权人或被执行人提出的异议。换言之，他们对原来的分配方案或者对法院在债权人或被执行人提出异议而异议对象并没有反对的情况下重新制作的分配方案中载明的所有债权人的参与分配资格、分配顺位、分配比例及具体金额，都是赞同的。参与分配异议之诉判决所确定的对债权人参与分配资格、分配顺位、分配比例进行的局部变动，又是全体债权人和被执行人无法反对的。因此，对法院执行部门在参与分配异议之诉结束后重新制作的分配方案，参与分配异议之诉原、被告之外的债权人和被执行人是无法提出异议并进而提出异议之诉的。

第二，对于参与分配异议之诉的原、被告，由于其对双方争端部分之外的执行财产的分配并无不同意见，而参与分配异议之诉所涉及的执行财产部分的分配又已经被法院判决所确认，因此其也不能针对新的分配方案提起异议和异议之诉。不过，在一种极端情况下，参与分配的债权人和被执行人可以提出异议以及异议之诉，即法院执行部门并未完全按照参与分配异议之诉的判决重新制作分配方案。当然，这种情况几乎不会出现，因为执行法院和审判法院本来就是同一家法院，自己不执行自己判决的可能性几乎为零。

6.1.4 撤诉或按撤诉处理

对于权利，当事人既可以处分，也可以放弃。在参与分配异议之诉进行过程中，原告债权人或被执行人可以以任何理由甚至不提出任何理由，向法院申请撤回起诉，法院在确认撤诉系原告真实意思表示后，应当裁定准予原告撤回起诉。同时，在一些法定情况下，比如无理由缺席庭审、未在法院指定的期限内预交案件诉讼费用，法院可以裁定案件按原告撤回起诉处理。

那么，在原告撤回起诉或者法院裁定案件按原告撤回起诉处理后，原告是否可以再次提起诉讼？本书认为，这仍然需要区分情况。如果原告再次提起诉讼时，仍然没有超过其起诉的法定期限（现有规定是在收到反对意见之日起十日内），法院仍然应当受理其起诉；如果原告再次提起诉讼时，已经超过了法定期限，法院则应以起诉逾期为由不再受理其起诉。在法定起诉期限届满之后，对原告撤回起诉或者法院裁定案件按原告撤回起诉处理，应当认定为原告同时撤回了对原来分配方案的异议。原告不得对原执行方案再提出异议和异议之诉，法院执行部门也应当直接按照原来的分配方案进行分配。

6.1.5 诉讼和解

与其他民事诉讼一样，在参与分配异议之诉中，当事人之间仍然可以就双方的争端达成和解协议。或许有人会认为，参与分配异议之诉的结果可能会对诉讼之外的其他债权人和被执行人的利益产生影响，允许原、被告双方进行和解有可能损害其他债权人和被执行人的合法权益。然而，虽然影响其他债权人和被执行人的利益的可能性是存在的，但是，这并不是参与分配异议之诉不能进行和解与调解的充分理由。其原因在于，其他债权人和被执行人并没有以实际行动对参与分配异议之诉所争议的执行财产部分发表不同意见，这表明，无论其是否应当对这部分争议财产享有权利，其都已经放弃了对这部分利益的追逐。因此，参与分配异议之诉完全是原、被告双方的"战场"，在这个"战场"上，双方无论是奋力搏击到底还是适时握手言和，都完全基于其内心意愿而不受他人干涉。而在司法实践中，法院对当事人在参与分配异议之诉中达成和解，也是普遍持支持乃至欢迎的态度。检索中国裁判文书网可以发现，有为数不少的参与分配异议之诉案件是以调解方式结案。对于法院和承办法官来讲，在办案过程中推广调解，不仅是践行最高法院司法政策（如"大调解""调解优先、调判结合"、司法办案"三个效果"的统一）的需要，而且也是提高办案质效指标、减少信访案件发生的重要手段。对于诉讼和解，可能出现两种形态：一是双方达成一致意见后，原告撤回起诉，此时将产生撤诉的法律后果；二是请求法院制作调解书，法院制作的调解书与判决书具备同样的法律效力，法院执行部门应按照调解书的内容，就提存的执行款项重新制作分配方案。

6.2　判决效力及原告胜诉利益的分配

在参与分配异议之诉结束后，原告败诉的，自然应当按照原来的分配方案进行分配；对于原告胜诉的，胜诉利益[1]该如何分配，却是一个争议非常大、对当事人的利益甚至对未参与诉讼的其他债权人和被执行人的利益影响也非常大的问题，我们有必要对其进行深入讨论。

6.2.1　救济诉讼的判决效力

讨论原告胜诉利益如何分配的前提，是必须合理界定参与分配异议之诉判决的效力，即其究竟是只能约束诉讼当事人的相对效力，还是能够约束诉讼当事人之外的其他债权人和被执行人的绝对效力。对于这个问题，学术界争议很大，域外的相关制度安排和司法实践，也存在着多种截然不同的做法。

日本《民事执行法》第九十二条第二款规定，债务人所提起的参与分配异议之诉（该法谓之"分配异议之诉"），作为被告的债权人败诉的，执行法院对未提出异议的其他债权人也应变更分配方案。该条之规定，实际上认同了债务人提起的参与分配异议之诉的判决具有绝对效力，对参与分配异议之诉之外的债权人也具有约束

---

[1]　此处的胜诉利益，既包括原告全部胜诉的利益，也包括部分胜诉的利益。同时，对诉讼中达成的调解协议，只要原告从中获得了相比原来的分配方案更多的利益，也属于此处所指的胜诉利益。

力。但是，日本《民事执行法》却未对债权人提起的参与分配异议之诉的判决效力进行明文规定，为理论争议留下了空间。日本学术界一般对《民事执行法》第九十二条第二款作反面解释，认为对参与分配异议之诉判决的效力应当根据原告是债权人还是被执行人而作区分对待，若原告为债务人的，判决具有绝对效力，可约束诉讼当事人之外的其他债权人；若原告为债权人的，判决仅具有相对效力，只约束原、被告双方①。

我国台湾地区所谓的"强制执行法"并没有对参与分配异议之诉（该法谓之"分配表异议之诉"）的判决效力进行明确规定，学术界的争议主要包括两种路径：一种路径是不区分原告是债权人还是被执行人。其中，有的学者认为，无论参与分配异议之诉是由债权人提起的还是由被执行人提起的，由于该诉是形成之诉，判决的效力都应当具有绝对效力，能够约束所有债权人和被执行人②。另有学者认为，参与分配异议之诉是确认之诉，无论原告是债权人还是被执行人，其判决均仅对案件当事人产生效力，对案件之外的其他债权人或被执行人不具有约束力，因而判决仅具有相对效力③。另一种得到更多赞同的路径是按照原告的身份进行区分。由于参与分配异议之诉是形成之诉，若诉讼是由被执行人提起的，判决具有绝对效力、能够约束所有其他未参与诉讼的债权人。而对于原告是债权人的情况，学术界对其判决效力则有两种不同的认识。有的学者认为，基于债权人平等的原则，即便是由债权人提起参与分配异议之

---

① 刘颖. 分配方案异议之诉研究 [J]. 当代法学, 2019 (1): 40-50.
② 詹咏媛. 分配表异议之诉：从民诉法与执行法兼具之观点 [D]. 台北：台湾大学, 2018.
③ 陈荣宗. 强制执行法 [M]. 台北：三民书局, 2000.

诉，该诉的判决效力也应当及于其他债权人①。有的学者则认为，若参与分配异议之诉系由债权人提起的，判决效力仅发生于原告债权人和被告债权人之间，不应及于其他债权人②。

国内学术界对参与分配异议之诉判决的效力也有不同意见。有的学者认为，无论是债权人提起的参与分配异议之诉还是被执行人提起的参与分配异议之诉，其判决都应当具有绝对效力③。也有学者认为，参与分配异议之诉判决的形成力仅仅具有相对性，只能在当事人之间形成法律效果，不可将效力及于第三人④。

本书认为，从诉讼性质上看，参与分配异议之诉是同时具备确认之诉和形成之诉特征的救济诉讼，因此，参与分配异议之诉的判决应当具有绝对效力，即其效力可以及于参与分配异议之诉案件当事人之外的债权人。此外，判定参与分配异议之诉判决具有绝对效力，还有另外两点理由：第一，对于原告为被执行人的情况，原告胜诉则意味着被告债权人的执行债权被全部或部分否决了，原告用于偿还其他债权人的财产就增多了，其胜诉的效果必然及于其他债权人；第二，对于原告为债权人的情况，胜诉利益如果被原告优先取得，会违背参与分配公平受偿的原则，因此，判决效力及于其他债权人更为合理。

① 陈计男. 强制执行法释论［M］. 台北：元照出版有限公司，2002.
② 詹咏媛. 分配表异议之诉：从民诉法与执行法兼具之观点［D］. 台北：台湾大学，2018.
③ 刘颖. 分配方案异议之诉研究［J］. 当代法学，2019（1）：40-50.
④ 杨柳. 比较与借鉴：中德执行分配方案异议之诉的制度框架分析［J］. 法律适用，2011
（8）：56-59.

6.2.2　胜诉利益之分配

原告胜诉利益如何分配，无论是在理论上，还是在实务中，都是一个十分棘手的问题。围绕这个问题，现已出现多种观点。其实，对于原告为被执行人的情况，原告胜诉利益的分配几乎不存在不同观点，即原告被执行人的胜诉利益应当由被告债权人之外的其他债权人所共同享有。举例而言，通过参与分配异议之诉，被告债权人的债权额减少了100万元，这就意味着原告被执行人增加了100万元的财产，其他债权人可以按照债权比例对这100万元得到分配。清偿完其他债权人的债务后仍有剩余的，剩余的款项应归还被执行人。胜诉利益分配的主要难点在于，在原告为债权人的情形下，胜诉利益应当如何分配，针对这个问题的主要争论在于，原告胜诉利益是否应当为原告所优先享有。

在日本和我国台湾地区，学术界对原告债权人的胜诉利益，主要有"吸收说"和"按份说"两种观点。持按份说观点的学者认为，原告债权人胜诉利益应当由原告债权人和其他债权人所共同享有，各债权人应当按照债权比例进行受偿。而持吸收说观点的学者则认为，原告债权人的胜诉利益应当首先分配给原告债权人，直到其债权得到全部清偿为止①。在日本，吸收说得到更大范围的认同，且被该国司法实务界所采纳。在吸收说之下，还有一个问题需要讨论，也引起了讨论，即原告债权人的债权如果得到全部清偿后，其胜诉利益仍有剩余，此剩余款项该如何处理。对此，又出现了"被

---

① 詹咏媛. 分配表异议之诉：从民诉法与执行法兼具之观点 [D]. 台北：台湾大学，2018.

告说"和"被执行人说"两种观点。前者认为，债权人之间的参与分配异议之诉仅仅调整原、被告债权人之间的分配关系，由于其判决只具有相对效力，因此不应当将剩余款项交还给被执行人；而后者则认为，法院已经判决被告债权人失去了原告胜诉利益部分的参与分配资格，如果还让被告债权人得到剩余款项，就等于是推翻了原告胜诉的判决，故还是应当将剩余款项交还被执行人①。

在我国，有见解认为，虽然参与分配异议之诉的判决效力具有绝对性，但在本诉中，原告债权人为了证明自己的主张花费了大量精力，若允许其他债权人也能够分配原告的胜诉利益，就等于变相肯定了其他债权人的"搭便车"行为，其他债权人没有任何付出即分享了原告付出相当时间、精力、金钱后的获利，造成事实上的不平等，因此，为了保证公平，原告可以适当优先于其他债权人获得清偿②。然而对于究竟如何"适当优先"，该见解并没有给出明确意见。更多的观点认为，对于原告的胜诉利益，应当让其他债权人与原告债权人平等受偿，但具体的理由却有所不同。有的学者认为，参与分配的各个债权如果没有担保物权或优先受偿权，就应该所有债权平等受偿，而基于担保物权或优先受偿权可以实现优先受偿是有明确法律规定的，仅仅因为原告债权人在诉讼中耗费了时间精力就认可其优先受偿地位，并无法律依据③。而有的学者从参与分配异议之诉判决的效力出发，认为既然本诉判决具有绝对效力，即应当

---

① 刘颖. 分配方案异议之诉研究 [J]. 当代法学，2019（1）：40-50.
② 楼常青，楼晋. 民诉执行程序中分配方案异议之诉的运作 [J]. 上海政法学院学报（法治论丛），2012（1）：123-130.
③ 廖浩. 执行分配方案异议诉讼之解释论研究：以法律方法为视角 [J]. 研究生法学，2013（1）：31-36.

对其他未参加诉讼的债权人具有约束效力，因此，其他债权人与原告债权人对原告的胜诉利益应当公平受偿[1]。还有的学者认为，既然异议的债权债务关系已经被参与分配异议之诉的判决确认为不存在，基于债权相对性原则，其法律效果应当归属于被执行人而非原告债权人，因为原告提起参与分配异议之诉虽然直接目的是增加自己的受偿金额，但并非自己债权的直接满足，而是一种对被执行人责任财产的保全，防止被执行财产因不法或不当的参与分配而减损，因而原告的胜诉利益应当列入分配的总金额，再按照各债权的比例进行平均分配计算，如有剩余再返还给被执行人[2]。

本书认为，在我国社会背景下，按份说更具有合理性，即在原告为债权人的情况下，参与分配异议之诉的原告胜诉利益应当由原告债权人和诉讼之外的其他债权人共同平等享有。其原因在于：第一，由于参与分配异议之诉的判决具有绝对效力，对诉讼之外的其他债权人也能够产生约束力，因此，对于原告的胜诉利益，其他债权人当然可以参与平等受偿。况且，参与分配程序的制度功能本来就是保障债权人在被执行人不具备破产条件情形下获得平等受偿[3]，仅根据债权人提起参与分配异议之诉与否对其受偿采取不同的标准，显然是不合适的。第二，优先受偿权应当是有实体法基础的，如果原告债权人在参与分配程序中本身不具备优先受偿的资格，仅仅以其发起了参与分配异议之诉就赋予其优先受偿的资格，于法无据。然而，不可否认的是，胜诉利益是由原告债权人凭借一己之力得来

---

[1] 刘颖. 分配方案异议之诉研究 [J]. 当代法学, 2019 (1)：40-50.

[2] 丁亮华. 参与分配：解析与检讨 [J]. 法学家, 2015 (5)：105-119, 178-179.

[3] 沈德咏. 最高人民法院民事诉讼法司法解释理解与适用（下）[M]. 北京：人民法院出版社, 2015.

的，其在诉讼中的确花费了大量时间、精力和金钱，如果让未参与诉讼的其他债权人直接与原告债权人按比例平分胜诉利益，显然也是有失公允的。为了解决这一矛盾，本书认为，应当规定，胜诉利益由原告债权人与未参与诉讼的其他债权人按比例平均分配，但原告债权人在诉讼中直接支出的诉讼费用也应当由分配胜诉利益的全体债权人按分配比例平均分担。这种方式，既可以实现胜诉利益的平等分配，也可以最大限度地弥补原告债权人的诉讼支出，保证事实上的公平。

6.3 分配程序终结后再提起不当得利返还诉讼之容许

在参与分配程序终结后，债权人或被执行人能否再主张分配方案载明的债权与实体法之规定不符，提起不当得利诉讼，要求债权人返还溢领的执行财产？这是一个在理论上和实务上都非常重要的问题。

对这一问题，日本学术界存在三种观点，即否定说、肯定说和折中说。否定说全然否定分配程序终结之后债权人还可以提起不当得利返还诉讼，其主要理由有：其一，虽然分配结果导致债权人权利受损，但程序法上已经赋予其主张权利和利益的机会，但其未加以利用，再承认其日后起诉的权利并不合适；其二，参与分配程序已经构成了"法律上的原因"，消解了不当得利"无法律上原因收益"的构成要件；其三，如果承认债权人在参与分配程序终结后再提起不当得利返还的权利，会使参与分配程序成为徒劳，推翻了法院所确定的财产转移；其四，纵使不承认债权人的不当得利返还请求权，而让被执行人行使不当得利返还请求权，也可以确保少受分配的债权人的合法权利①。在否定说之下，也有学者认为，虽然债权人不得在参与分配程序终结后提起不当得利返还诉讼，但被执行人却应当享有这一权利②。肯定说认为，否定说全盘否定当事人事后提起不当得利返还诉讼的权利是没有道理的：其一，对于没有出席或者没有提起异议的当事人，难以认定其对分配方案有默示同意的意思表示；其二，在参与分配程序中提出异议的期限太短，对于债权人是否有相应的债权依据，其他债权人或被执行人难以轻松调查；其三，分配方案并不具备实体确定力，也难以认为法院的分配与既判力有同等效力；其四，进入参与分配程序本身就对债权人资格有所限制，而债权人的法律地位却为侵权行为法所保护。折中说则认为，在一定条件下可以承认当事人再提起不当得利返还诉讼的权利，在另一些情况下则不应承认当事人的这一权利。折中说比较流行的观点认为，应当对抵押债权人和一般债权人进行区分，即仅仅承认抵押债权人的不当得利返还请求权，对于一般债权人则持否定态度。这种观点也为实务界判例所采③。

在我国，学者们普遍认为，在参与分配程序结束后，当事人依然可以再提起不当得利返还诉讼，因为溢领分配的债权在受分配时即已经构成不当得利，不能因为债权人是经过了法院执行部门依分配方案受领的分配款即可被视为是有法律上的原因而不构成不当得

---

① 詹咏媛. 分配表异议之诉：从民诉法与执行法兼具之观点［D］. 台北：台湾大学，2018.
② 詹咏媛. 分配表异议之诉：从民诉法与执行法兼具之观点［D］. 台北：台湾大学，2018.
③ 詹咏媛. 分配表异议之诉：从民诉法与执行法兼具之观点［D］. 台北：台湾大学，2018.

利①。即便当事人未曾提起过参与分配异议及异议之诉对债权人不当的分配进行争执，也不当然发生失权的效果，仍然享有不当得利返还请求权。在当事人提起了参与分配异议之诉的情况下，参与分配异议之诉判决也不能遮断不当得利之诉的提起②，因为虽然参与分配异议之诉的判决具有绝对效力，但其诉讼标的是对分配方案的异议权，并不以执行名义所载明的权利为诉讼标的，所以当事人实体上的权利并非参与分配异议之诉判决的既判力所能涵涉③。也有学者认为，对于当事人是否能够事后再提起不当得利返还诉讼，应当根据不同情况而有所区别。对于当事人同意确定分配方案的，当事人在事后就不能再提起不当得利返还诉讼④；在被执行人为参与分配异议之诉的原告、优先受偿债权人为被告的情况下，当事人要受既判力的约束，原告在败诉后就不能再以优先权不存在为由提起不当得利返还诉讼⑤。

本书认为，应当赋予债权人和被执行人在参与分配程序终结后，（在任何条件下）再提起不当得利返还诉讼的权利。具体理由如下：

第一，参与分配程序本身并不能否定"债权人溢领执行财产构成不当得利"的性质认定。不当得利是指没有法律上的原因受益且该受益致使他人受到损害。不难看出，不当得利的构成要件有四个：一是自身受益，二是自身受益没有法律上的原因，三是自身受益导

① 王玲. 民事执行程序中分配方案异议之诉研究 [J]. 法学论坛，2019 (4)：136-142.
② 廖浩. 执行分配方案异议诉讼之解释论研究：以法律方法为视角 [J]. 研究生法学，2013 (1)：31-36.
③ 王玲. 民事执行程序中分配方案异议之诉研究 [J]. 法学论坛，2019 (4)：136-142.
④ 盛金金. 民事执行分配方案异议之诉研究 [D]. 武汉：中南民族大学，2018.
⑤ 赵莎莎. 民事执行分配方案异议之诉研究 [D]. 重庆：西南政法大学，2013.

致他人受损，四是自身受益与他人受益之间具有因果关系。就本节所研究的问题来看，债权人溢领执行财产，给被执行人和其他债权人当然造成了损害，因此，判断其是否构成不当得利的主要标准在于参与分配本身是否导致其溢领执行财产，就有了法律上的原因。本书认为，如果其他债权人和被执行人没有在参与分配程序中对溢领执行财产的债权人提出异议以及异议之诉、同意按照分配方案进行分配，并不意味着他们承认债权人的溢领行为具有实体法上的权利，也不意味着他们不能事后再提起不当得利返还诉讼。换言之，不能因为债权人是根据法院制作的分配方案溢领执行财产，就视为其具有"法律上的原因"、不构成不当得利①。同理，即便经过参与分配异议之诉而败诉，也不能视为败诉原告承认债权人溢领执行财产具有合法性，也不能遮蔽其行为不具备法律上的原因的事实。

第二，允许当事人事后提起不当得利返还诉讼，并不会违背"一事不再理"原则。一事不再理的原则，主要是为了防止当事人在法院已经就双方纷争进行裁判后，又以同样的事实理由、同样的诉讼标的再次提起诉讼，防止浪费司法资源、引起当事人之间权利义务关系的不确定性。在参与分配程序终结后，当事人之所以可以再针对溢领执行财产的债权人提起不当得利诉讼，是因为前后两诉的诉讼标的并不一致，即参与分配异议之诉的诉讼标的是异议权，而不当得利返还诉讼的诉讼标的则是执行依据所载明的实体权利。因此，参与分配异议之诉判决的既判力并不能及于当事人的实体权利，其他债权人或被执行人在参与分配程序终结后再提起不当得利返还

---

① 杨与龄. 强制执行法论 ［M］. 北京：中国政法大学出版社，2002.

诉讼，合理合法。

第三，允许当事人事后提起不当得利返还诉讼，并不会完全架空参与分配制度。否定当事人事后提起不当得利返还诉讼的重要理由之一就是，其"将使参与分配程序成为徒劳，推翻了法院所确定的财产转移"。本书认为，这个担心完全是不必要的：其一，即便是个别债权人因为溢领执行财产而被其他当事人起诉且败诉了，这也并不意味着参与分配程序全部都是徒劳的。从概率上看，溢领执行财产的债权人毕竟是少数，让其返还溢领的执行财产并不会在很大程度上影响参与分配程序的稳定性。具体到个案，把债权人纳入参与分配程序，计算出他们各自的债权分配比例及具体金额，对维护债权人和被执行人权益都是有着重要意义的，即便其程序结果被局部推翻，也不能认为整个程序都是无意义的。其二，"推翻了法院所确定的财产转移"并不是一件无法容忍的事情。法院执行部门在参与分配程序中制定的分配方案，仅仅是在对各债权人的参与分配申请及其依据进行形式审查的基础上，进行简单计算的结果，并不具备裁判性质，因而，依据该分配方案而得到的执行财产分配结果并非绝对不能被推翻。

第四，允许当事人事后提起不当得利返还诉讼，在我国具有非常重要的现实意义。首先，更加有利于保护当事人权利。对这一意义，无须更多论述，因为其他债权人和被执行人的合法利益毕竟是被溢领执行财产的债权人侵犯了，所以给予其事后的救济通道，对其维护权利自然是更有益处。其次，更加有利于遏制虚假债权、虚假诉讼。就现阶段而言，由于制度机制不健全、社会诚信网络未全面建立等因素的存在，我国社会中各类不诚信行为大量存在，债务人为了逃避债务与他人串通创设虚假债权、进行虚假诉讼的情况屡见不鲜、屡禁不绝，对正常的社会秩序、法律秩序造成强烈冲击。有调查显示，在参与分配程序中，当事人之间串通、通过虚假诉讼（大多在诉讼中达成调解协议）取得生效裁判文书并以此实现逃避债务的情况为数不少，并且虚假诉讼往往涉及多家法院、证据真伪难辨，法院的辨别难度非常高，严重扰乱正常的法律秩序，也给其他当事人的正当权益造成严重损害①。由于债务人造假的手段越来越"高明"，法院案件数量又与日俱增，单纯依靠法院识别虚假诉讼，是比较困难的，利用利益相关者的力量发现和遏制虚假诉讼，是一个更加行之有效的方法，而允许其他债权人在参与分配程序终结后再提起不当得利返还诉讼，就是遏制虚假诉讼的重要途径之一。最后，更加符合我国社会的一般观念。在我国社会观念中，债权人溢领了执行财产而权利受到损害的其他债权人和被执行人却无法得到法律上的救济，无疑是无法理解和不可接受的。很显然，无论是法律制度建设还是司法实践操作，我们都无法不顾及社会民众的价值观念和朴素情感。

6.4 小结

本章讨论的是参与分配异议之诉的裁判及后续事项的处置，主要涉及不同情形下的裁判形式及其后果、判决效力及原告胜诉利益

---

① 陈鹏. 论我国执行参与分配制度的完善：以宿迁地区执行实践为分析样本 [D]. 南京：南京工业大学，2014.

的分配、参与分配程序终结后当事人提起不当得利返还诉讼的正当性这三个方面的问题。

本章第一节研究的是参与分配异议之诉的裁判形式及其后果。本书认为，在诉不合法的情况下，即如果原告的起诉不符合一般诉讼的要求和本身的特殊要件，法院应当裁定不予受理；已经受理后发现诉不合法的，法院应当裁定驳回其起诉。在诉无理由的情况下，法院应当驳回原告的诉讼请求。在诉有理由的情况下，法院应当判决支持或部分支持原告的诉讼请求，即减少被告债权人参与分配的金额甚至取消被告债权人参与分配资格，增加原告债权人的分配金额，诉讼费用部分或全部由被告债权人负担；法院执行部门根据参与分配异议之诉的判决书重新制作分配方案后，除非新的分配方案与判决书的要求不一致，当事人不得再针对新的分配方案提起异议及异议之诉。在参与分配异议之诉中，在原告撤回起诉或者法院裁定案件按原告撤回起诉处理后，只要其再次起诉并没有超过法定起诉期限，法院仍然应当受理其再诉；在法定起诉期限届满之后，对原告撤回起诉或者法院裁定案件按原告撤回起诉处理，应当认定为原告同时撤回了对原来分配方案的异议。同时，参与分配异议之诉并不排斥诉讼和解。

本书认为，参与分配异议之诉判决具有绝对效力，即其效力可以及于参与分配异议之诉案件当事人之外的债权人。在原告胜诉利益分配上，按份说更具有合理性，即在原告为债权人的情况下，参与分配异议之诉的原告胜诉利益应当由原告债权人和诉讼之外的其他债权人共同平等享有。然而，胜诉利益毕竟又是由原告债权人凭借一己之力得来的，其在诉讼中的确花费了大量时间、精力和金钱，其所付出的代价应当在分配胜诉利益时进行必要考虑。本书提出，应当规定，胜诉利益由原告债权人与未参与诉讼的其他债权人按比例平均分配，但原告债权人在诉讼中直接支出的诉讼费用也应当由分配胜诉利益的全体债权人按分配比例平均分担。

对于在参与分配程序终结之后当事人是否可以再提起不当得利返还诉讼的问题，学术界存在较大争议，否定说、肯定说、折中说都有各自的市场。本书认为，在我国，肯定当事人事后再提起不当得利返还诉讼的权利，更为合适。其理由在于：第一，参与分配程序本身并不能构成债权人溢领执行财产的"法律上的原因"，其系不当得利应无疑义；第二，因为参与分配异议之诉与参与分配程序结束后的不当得利返还之诉，在诉讼标的上并不一致，所以当事人事后提起不当得利返还诉讼并不会违背"一事不再理"原则；第三，虽然不当得利返还诉讼可能推翻在法院主持下进行的参与分配程序的结果，但这种结果并不会真的让参与分配程序成为"徒劳"，"推翻法院所确定的财产转移"本身也不是不可接受；第四，允许当事人事后提起不当得利返还诉讼，更加有利于保护当事人权利，更加有利于遏制虚假债权、虚假诉讼，更加符合我国社会的一般观念，因而具有非常重要的现实意义。

7 结语

　　自深圳市人大常委会出台《深圳经济特区个人破产条例》后，我国个人破产制度在地方层面迈出了实质性步伐。笔者也对个人破产制度的建立抱持欢迎乃至期望的态度，认为这是我国法律制度的重要进步。然而，个人破产制度的建立，并不意味着现有的参与分配制度就失去了存在的意义，也并不意味着本书所研究的参与分配异议之诉没有价值。正如本书第2章所述，在未来，个人破产与参与分配应当是协调互补的关系，而非相互替代的关系；在个人破产制度建立后，参与分配的制度机制将发生重大变化，但这种变化对参与分配异议之诉的影响却是极小的，本书的研究不仅在今天看来是有意义的，而且在今后也不会过时。

　　作为一种建立时间较短、规范依据不够充分且适用频率还不太高的诉讼类型，参与分配异议之诉并没有受到实务界和学术界的过多关注，但鉴于该制度本身对当事人权益保护的重要性，我们可以预见，未来司法实务中该类案件将会越来越多。因此，从理论上深入研究参与分配异议之诉，并从制度上全面完善它，具有十分重要的意义。

本书的研究涵盖了参与分配异议之诉几乎所有的重要问题。在基础理论部分，本书研究了参与分配异议之诉的缘起及其重要制度功能，指出参与分配异议之诉的诉讼性质是兼具确认诉讼和形成诉讼特点的救济诉讼。在诉讼要素方面，本书提出，参与分配异议之诉的诉讼标的是异议权，其原告和被告的资格与普通的民事诉讼存在较大差异，且该诉不能存在第三人；在诉讼中，原告的诉讼事由只能是被告的参与分配资格、分配顺位、分配比例和具体金额存疑。在起诉与审查方面，本书明确指出，现有规范对参与分配异议之诉的起诉要件的规定存在不少缺陷，必须对其进行完善；原告的诉讼请求必须按照法院判决书的判项来提出，诉讼请求不符合规范可能会面临诉讼的不利后果；参与分配异议之诉衍生于参与分配执行程序，为了防止当事人恶意诉讼、拖延执行程序，必须实行立案审查制，针对随意起诉、恶意起诉，应当在立案阶段就将其排除；案件受理费的收取在当前呈现出混乱状态，为了保证法治统一、保护当事人权益，应当统一将参与分配异议之诉视作财产性案件收取案件受理费，以原告完全胜诉之后所得分配额与原有分配方案所载明之分配额之间的差额作为案件受理费计算的基数。在诉讼程序方面，本书指出参与分配异议之诉的诉讼程序简化具有制度上的正当性，并对简化诉讼程序的具体路径进行研究；在参与分配异议之诉中，只有多个原告基于同样的诉讼事由起诉同一个被告的情形才能进行合并审理，且其性质应当界定为普通共同诉讼；此外，本书还对当事人之间主要的攻击防御方法和举证责任进行了讨论。在裁判及后续事项的处置方面，本书对不同类型下的裁判形式及其后果进行分别论述，指出参与分配异议之诉判决具有绝对效力，即其效力可以及于参与分配异议之诉案件当事人之外的债权人，在原告为债权人的情况下，参与分配异议之诉的原告胜诉利益应当由原告债权人和诉讼之外的其他债权人共同平等享有；提出应当肯定当事人在参与分配程序终结后提起不当得利返还诉讼的正当性，以保证实质公平。

系统性地研究参与分配异议之诉，在国内当属首例。本书的首要意义在于引起学术界和实务界对参与分配异议之诉研究的重视，提醒学术界和实务界系统性地理解、研究和完善参与分配异议之诉的制度体系。此外，本书对参与分配异议之诉的诉讼性质、诉讼要素、诉讼程序、裁判、判后事项处置等方面的研究，都具有一定的开创性。

参考文献

［1］白绿铉. 日本新民事诉讼法 ［M］. 北京：中国法制出版社，2000.

［2］常怡，黄娟. 司法裁判供给中的利益衡量：一种诉的利益观 ［J］. 中国法学，2003 （4）：77-86.

［3］常怡. 比较民事诉讼法 ［M］. 北京：中国政法大学出版社，2002.

［4］陈桂明，李仕春. 形成之诉独立存在吗：对诉讼类型传统理论的质疑 ［J］. 法学家，2007 （4）：113-121.

［5］陈桂明. 民事诉讼法 ［M］. 北京：中国政法大学出版社，2007.

［6］陈计男. 强制执行法释论 ［M］. 台北：元照出版有限公司，2002.

［7］陈美英. 两岸分配表异议制度之比较研究：以假债权之异议为中心 ［D］. 台北：中国文化大学，2014.

［8］陈荣宗，林庆苗. 民事诉讼法（上） ［M］. 台北：三民书局，2009.

[9] 陈荣宗. 强制执行法 [M]. 台北: 三民书局, 2000.

[10] 陈世荣. 强制执行法诠释 [M]. 台北: 国泰印书馆, 1969.

[11] 陈娴灵. 我国民事执行异议之诉研究 [M]. 武汉: 湖北人民出版社, 2009.

[12] 程春华. 论民事诉讼中诉讼标的与诉讼请求之关系: 兼论法官对诉讼请求变更及诉讼标的释明权之行使 [J]. 法律适用, 2014 (5): 62-66.

[13] 丁亮华. 参与分配: 解析与检讨 [J]. 法学家, 2015 (5): 105-119, 178-179.

[14] 董国庆, 易斌. 无独立请求权第三人若干问题探微 [J]. 人民司法, 2006 (8): 56-59.

[15] 董少谋. 民事强制执行法论纲—理论与制度的深层分析 [M]. 厦门: 厦门大学出版社, 2009.

[16] 杜万华, 胡云腾. 最高人民法院民事诉讼法司法解释逐条适用解析 [M]. 北京: 法律出版社, 2015.

[17] 段厚省. 民事诉讼标的论 [M]. 北京: 中国人民公安大学出版社, 2004.

[18] 范向阳. 执行异议之诉的规则与裁判 [M]. 北京: 人民法院出版社, 2019.

[19] 方怀宇, 马浩杰. 执行分配方案异议之诉实务探讨 [J]. 湖北经济学院学报 (人文社会科学版), 2016 (7): 85-86.

[20] 傅郁林. 诉讼费用的性质与诉讼成本的承担 [J]. 北大法

律评论，2001（1）：239-274.

[21] 高桥宏志. 民事诉讼法：制度与理论的深层分析 [M]. 林剑锋，译. 北京：法律出版社，2003.

[22] 高仁宝. 执行异议之诉法律适用指引 [M]. 北京：法律出版社，2018.

[23] 高长久，符望. 裁判文书确定的抵押权数额在执行分配中的对抗效力：华升建设集团有限公司与何伟、上海泰苑房地产发展有限公司执行分配方案异议之诉一案 [J]. 判例与研究，2012（4）：18-25.

[24] 耿云卿. 实用强制执行法 [M]. 台北：五南图书出版股份有限公司，1999.

[25] 谷口安平. 程序正义与诉讼 [M]. 王亚新，刘荣军，译. 北京：中国政法大学出版社，2002.

[26] 汉斯-约阿西姆·穆泽拉克. 德国民事诉讼法基础教程 [M]. 周翠，译. 北京：中国政法大学出版社，2005.

[27] 贺荣. 司法体制改革与民商事法律适用问题研究 [M]. 北京：人民法院出版社，2015.

[28] 贺欣. 经济合同案件的执行：来自珠三角某基层法院的经验研究 [J]. 司法，2007（1）：81-118.

[29] 胡振玲. 关于形成之诉的若干问题探讨 [J]. 武汉科技学院学报，2006（10）：93-95.

[30] 胡震远. 辅助型无独立请求权第三人制度的完善 [J]. 东方法学，2013（3）：50-59.

［31］霍娟. 从民事诉讼费用收取标准成因看我国的民事诉讼费用制度［J］. 中共山西省委党校学报，2009（1）：91-93.

［32］江必新，贺荣. 强制执行法的起草与论证（三）［M］. 北京：中国法制出版社，2014.

［33］江必新. 比较强制执行法［M］. 北京：中国法制出版社，2014.

［34］江必新. 强制执行法理论与实务［M］. 北京：中国法制出版社，2014.

［35］江必新. 执行工作规范性文件汇编［M］. 北京：中国法制出版社，2014.

［36］江伟. 民事诉讼法［M］. 北京：高等教育出版社，2016.

［37］江伟. 民事诉讼法专论［M］. 北京：中国人民大学出版社，2005.

［38］姜群，姜远志. 民事诉讼标的理论研究［J］. 江苏行政学院学报，2003（3）：103-109.

［39］赖来焜. 强制执行法各论［M］. 台北：元照出版有限公司，2008.

［40］李纯光. 对《诉讼费用交纳办法》实施后的调查与思考：以湘西某基层法院为研究对象［J］. 长沙大学学报，2009（4）：40-42.

［41］李浩. 民事诉讼法学［M］. 北京：法律出版社，2016.

［42］李龙. 民事诉讼标的理论研究［M］. 北京：法律出版社，2003.

[43] 李瑞霞. 对《诉讼费用交纳办法》实施问题的思考 [J]. 法治论丛（上海政法学院学报），2008（2）：117-120.

[44] 李世成. 论执行参与分配方案异议之诉的程序构造 [J]. 法律适用，2011（9）：15-18.

[45] 李沅桦. 民事执行法论：强制执行法 [M]. 台北：五南图书出版股份有限公司，2007.

[46] 李祖军. 契合与超越：民事诉讼若干理论与实践 [M]. 厦门：厦门大学出版社，2007.

[47] 廖浩. 执行分配方案异议诉讼之解释论研究：以法律方法为视角 [J]. 研究生法学，2013（1）：31-36.

[48] 廖永安，李胜刚. 我国民事诉讼费用制度之运行现状：以一个贫困地区基层法院为分析个案 [J]. 中外法学，2005（3）：304-327.

[49] 廖永安，刘方勇. 潜在的冲突与对立：诉讼费用制度与周边制度的关系考 [J]. 中国法学，2006（2）：133-145.

[50] 廖永安，赵晓薇. 中日民事诉讼费用制度比较研究 [J]. 北京科技大学学报（社会科学版），2004（2）：41-47.

[51] 廖永安.《诉讼费用交纳办法》之检讨 [J]. 法商研究，2008（2）：148-155.

[52] 廖永安. 论民事诉讼费用的性质与征收依据 [J]. 政法论坛（中国政法大学学报），2003（5）：63-70.

[53] 廖永安. 诉讼费用制度专题实证研究 [M]. 北京：法律出版社，2016.

[54] 林洲富. 提起分配表异议之诉之要件 [J]. 月旦法学教室, 2019 (77): 37-41.

[55] 刘贵祥, 宋朝武. 强制执行的理论与制度创新: "中国执行法论坛" 优秀论文集 [M]. 北京: 中国政法大学出版社, 2017.

[56] 刘敏. 论诉的利益之判断 [J]. 国家检察官学院学报, 2012 (4): 122-128.

[57] 刘颖. 分配方案异议之诉研究 [J]. 当代法学, 2019 (1): 40-50.

[58] 楼常青, 楼晋. 民诉执行程序中分配方案异议之诉的运作 [J]. 上海政法学院学报 (法治论丛), 2012 (1): 123-130.

[59] 罗森贝克, 施瓦布, 戈特瓦尔德. 德国民事诉讼法 [M]. 李大雪, 译. 北京: 中国法制出版社, 2007.

[60] 米健. 比较法学与近现代中国法制之命运 [J]. 现代法学, 2005 (2): 12-21.

[61] 穆昌亮. 试论我国民事诉讼费用制度 [J]. 政治与法律, 2007 (4): 187-192.

[62] 蒲一苇. 诉讼法与实体法交互视域下的必要共同诉讼 [J]. 环球法律评论, 2018 (1): 39-50.

[63] 齐明. 破产法学基本原理与立法规范 [M]. 武汉: 华中科技大学出版社, 2013.

[64] 齐树洁. 民事程序法 [M]. 厦门: 厦门大学出版社, 2006.

[65] 乔宇. 执行异议复议与异议之诉 [M]. 北京: 中国法制

出版社, 2018.

[66] 冉崇高. 以实现诉讼费制度功能为视角论我国诉讼费制度改革 [J]. 法律适用, 2016 (2): 92-98.

[67] 让·文森, 塞尔日·金沙尔. 法国民事诉讼法要义 [M]. 罗结珍, 译. 北京: 中国法制出版社, 2001.

[68] 上海市高级人民法院课题组. 上海法院实施《诉讼费用交纳办法》的实证分析 [J]. 人民司法, 2008 (13): 48-53.

[69] 邵俊武. 民事诉讼费用的法律思考 [J]. 河北法学, 2003 (3): 90-95.

[70] 邵明. 论民事之诉 [J]. 北京科技大学学报 (社会科学版), 2003 (2): 13-19.

[71] 邵明. 诉讼标的论 [J]. 法学家, 2001 (6): 66-70.

[72] 申芙蓉, 阎颖. 执行分配方案异议之诉案件受理费用标准的实践考察与统一化构想 [J]. 司法改革评论, 2017 (1): 144-162.

[73] 沈德咏. 强制执行法起草与论证 (第一册) [M]. 北京: 中国法制出版社, 2002.

[74] 沈德咏. 人民法院执行实务 [M]. 北京: (知识产权) 专利文献出版社, 2001.

[75] 沈德咏. 最高人民法院民事诉讼法司法解释理解与适用 (下) [M]. 北京: 人民法院出版社, 2015.

[76] 沈志先. 强制执行 [M]. 北京: 法律出版社, 2012.

[77] 盛金金. 民事执行分配方案异议之诉研究 [D]. 武汉: 中

南民族大学，2018.

[78] 宋朝武. 民事诉讼法学（第3版）[M]. 北京：中国政法大学出版社，2012.

[79] 孙加瑞. 强制执行实务研究 [M]. 北京：法律出版社，1994.

[80] 谭兵. 外国民事诉讼制度研究 [M]. 北京：法律出版社，2003.

[81] 谭秋桂. 民事执行法学 [M]. 北京：北京大学出版社，2015.

[82] 谭秋桂. 民事执行原理研究 [M]. 北京：中国法制出版社，2001.

[83] 唐力. 司法改革论评（第23辑）[M]. 厦门：厦门大学出版社，2017.

[84] 唐应茂. 为什么执行程序处理破产问题 [J]. 北京大学学报（哲学社会科学版），2008（6）：12-20.

[85] 田平安，陈彬. 民事诉讼法学 [M]. 2版. 北京：法律出版社，2010.

[86] 王娣. 强制执行竞合研究 [D]. 北京：中国政法大学，2004.

[87] 王娣. 强制执行竞合研究 [M]. 北京：中国人民公安大学出版社，2009.

[88] 王甲乙，杨建华，郑健才. 民事诉讼法新论 [M]. 台北：三民书局，1981.

[89] 王玲. 民事执行程序中分配方案异议之诉研究 [J]. 法学论坛, 2019 (4): 136-142.

[90] 王亚新. 司法效率与繁简分流 [J]. 中国审判, 2010 (12): 12-13.

[91] 王亚新. 诉讼费用与司法改革:《诉讼费用交纳办法》施行后的一个"中期"考察 [J]. 法律适用, 2008 (6): 2-7.

[92] 翁晓斌. 论既判力及执行力向第三人的扩张 [J]. 浙江社会科学, 2003 (3): 66-72.

[93] 翁晓斌. 民事执行救济制度 [M]. 杭州: 浙江大学出版社, 2005.

[94] 夏蔚, 谭玲. 民事强制执行研究 [M]. 北京: 中国检察出版社, 2005.

[95] 肖建国, 庄诗岳. 参与分配程序: 功能调整与制度重构: 以一般破产主义为基点 [J]. 山东社会科学, 2020 (3): 66-73.

[96] 肖建国. 民事执行法 [M]. 北京: 中国人民大学出版社, 2014.

[97] 肖建华. 论我国无独立请求权第三人制度的重构 [J]. 政法论坛, 2000 (1): 110-120.

[98] 谢晖. 转型社会的法理面向: 纯粹法理学导言 [J]. 广东社会科学, 2003 (2): 89-95.

[99] 新堂幸司. 新民事诉讼法 [M]. 林剑锋, 译. 北京: 法律出版社, 2008.

[100] 徐昕. 论私力救济 [M]. 北京: 中国政法大学出版社,

2005.

[101] 许尚豪, 欧元捷. 执行分配与破产还债的功能分离: 参与分配制度的现实重构 [J]. 人民司法, 2014 (17): 102-107.

[102] 许士宦. 口述讲义民事诉讼法 [M]. 台北: 新学林出版股份有限公司, 2017.

[103] 严仁群. 诉讼标的之本土路径 [J]. 法学研究, 2013 (3): 91-109.

[104] 杨立新. 民事执行程序中的参与分配制度 [J]. 法律科学 (西北政法学院学报), 1994 (1): 86-89.

[105] 杨柳. 比较与借鉴: 中德执行分配方案异议之诉的制度框架分析 [J]. 法律适用, 2011 (8): 56-59.

[106] 杨荣馨. 强制执行立法的探索与构建 [M]. 北京: 中国人民公安大学出版社, 2005.

[107] 杨与龄. 强制执行法论 [M]. 北京: 中国政法大学出版社, 2002.

[108] 于言. 如何处理分配程序中的异议和分配方案异议之诉 [J]. 人民司法, 2013 (9): 111.

[109] 詹咏媛. 分配表异议之诉: 从民诉法与执行法兼具之观点 [D]. 台北: 台湾大学, 2018.

[110] 张礼洪. 比较法学的目的与方法论 [J]. 现代法学, 2005 (4): 12-19.

[111] 张培. 重新诠释有独立请求权第三人 [J]. 海南大学学报 (人文社会科学版), 2011 (1): 55-59.

［112］张卫平. 法国民事诉讼法导论［M］. 北京：中国政法大学出版社，1997.

［113］张卫平. 民事诉讼法［M］. 4 版. 北京：法律出版社，2016.

［114］张卫平. 民事诉讼法［M］. 北京：中国人民大学出版社，2019.

［115］张永泉. 民事执行程序中"参与分配"的理论与制度构建［J］. 苏州大学学报（法学版），2017（4）：117-130.

［116］章武生，齐树洁，吴英资，等. 民事诉讼法学［M］. 杭州：浙江法学出版社，2010 .

［117］章武生. 我国无独立请求权第三人制度的改革与完善［J］. 法学研究，2006（3）：53-62.

［118］赵莎莎. 民事执行分配方案异议之诉研究［D］. 重庆：西南政法大学，2013.

［119］赵秀举. 请求权竞合理论与诉讼标的理论的冲突与协调［J］. 交大法学，2018（1）：23-32.

［120］浙江省余姚市人民法院课题组. 关于《诉讼费用交纳办法》实施运行的调查与问题探索：立足于基层人民法院的思考［J］. 法律适用，2008（6）：13-15.

［121］中村英郎. 新民事诉讼法讲义［M］. 陈刚，林剑锋，郭美松，译. 北京：法律出版社，2001.

［122］钟凤玲. 台湾地区民事诉讼收费制度［J］. 比较法研究，1999（1）：519-523.

［123］周成泓.美国民事诉讼费用制度及其对我国的启示［J］.法律适用，2006（3）：86-89.

［124］朱淼蛟，唐学兵，曹慧敏.执行异议之诉的程序构造［J］.法律适用，2006（9）：50-53.

［125］朱新林.论民事执行救济［M］.北京：中国政法大学出版社，2015.

［126］竹下守夫.日本民事执行法理论与实务研究［M］.刘荣军，张卫平，译.重庆：重庆大学出版社，1994.

［127］曾慧.民事执行分配方案异议之诉研究［D］.长春：吉林大学，2015.

［128］左卫民."诉讼爆炸"的中国应对：基于 W 区法院近三十年审判实践的实证分析［J］.中国法学，2018（4）：238-260.

后　记

　　本书的完成让我感到既满足又充满期待。民事执行参与分配异议之诉是执行程序中的一项重要制度，它关系到债权人权益的实现和法院执行效率的提升。随着市场经济的发展和法律实践的深入，这一制度在处理债权人之间利益冲突时的作用日益凸显。而民事执行参与分配异议之诉需要研究的问题较多，在实践中也因出现了诸多争议而让法官、律师、当事人乃至社会公众存有疑虑或者左右为难。在司法实践中，如何平衡各方利益、如何确保执行分配的公平与效率，仍然是需要不断探索和完善的课题。因此，对这一制度进行深入研究，不仅具有理论价值，更具有实践意义。

　　在研究方法上，本书采用了比较法、案例分析法和实证研究法等多种研究手段。通过比较不同国家和地区的相关法律规定，分析典型案例，对司法实践中的数据进行实证分析，力求对民事执行参与分配异议之诉相关的、需要深入研究的问题进行全面探讨，希望本书的研究成果，能够为我国民事执行参与分配异议之诉的法律实践提供参考和借鉴，也希望能够激发更多的理论界和实务界专家对这一领域进行更深入的研究，推动相关法律制度的完善和发展。

民事执行参与分配异议之诉在我国的正式发端，是 2008 年最高法院制定的《关于适用〈中华人民共和国民事诉讼法〉执行程序若干问题的解释》。对于这一"年轻"的制度设计，理论界未引起足够重视，相关理论成果少之又少，实务界对其比较陌生，司法实践中存在较多疑问。虽然我在本书的撰写过程中，始终坚持以学习的态度展开研究工作，在深入研究国内外相关经典著述、细致考察司法实务真实样态方面花费了巨量心血，但囿于知识储备及研究能力，书中观点存在错谬之处在所难免，还请广大读者不吝赐教。

　　我要真诚地感谢王甜甜编辑在本书出版过程中的辛勤付出，她的专业和耐心使得本书得以顺利出版。感谢在本书的撰写过程中给予我莫大支持的诸位领导和师友，感谢你们长期以来对我的关心和帮助。感谢我的爱人、孩子、父母和亲人，你们是我不断前行的动力与勇气。

刘文慧

2024 年 7 月于成都